DE

L'HONNÊTETÉ

PROFESSIONNELLE

PAR

LE DR PERRON

BESANÇON

IMPRIMERIE MILLOT FRÈRES ET CIE

20, RUE GAMBETTA, 20

—

1888

DE

L'HONNÊTETÉ

PROFESSIONNELLE

PAR

LE DR PERRON

BESANÇON

IMPRIMERIE MILLOT FRÈRES ET Cie

20, Rue Gambetta, 20

—

1888

A M. LE Dʀ A. CÉZILLY

Directeur du « Concours Médical »

Le vrai mérite est moins dans le courage d'entreprendre que dans celui de persévérer : in constantiâ virtus.

Vous avez entrepris, Monsieur, une œuvre ardue en vue du bien général, et vous y travaillez depuis plus de dix ans avec modération et fermeté. Cela n'est pas d'une âme vulgaire.

C'est pourquoi, Monsieur, je suis avec vous très cordialement.

Dʀ Perron.

AVIS AUX JEUNES MÉDECINS

Dans une maison bien tenue, on exige que les gens de l'office, que les cuisiniers surtout, soient vêtus de blanc. Pourquoi ?

Il y a des professions qui ne comportent pas la moindre souillure et où la plus petite tache serait désagréable et suspecte.

*
* *

La médecine est une de ces professions, où la plus grande propreté est de rigueur, propreté *intùs et extrà*.

Vous avez entendu dire qu'elle était un état comme un autre !

N'en croyez rien.

Non ; la médecine n'est pas un état comme un autre.

Un marchand vend des étoffes ou des épices ; un artiste, ses tableaux ; un autre, les produits de son industrie et de son travail ; l'avocat donne ou fait payer ses avis sur un cas litigieux quelconque, en supputant les aléas de la procédure, etc., etc. Tout cela constitue des opérations plus ou moins mercantiles, où la sentimentalité humaine n'a pour ainsi dire rien à voir.

L'intervention du médecin dans les affaires a quelque chose de plus intime et de tout à fait confidentiel. Ses bons offices ne consistent pas tant dans une opération faite ou dans un conseil donné que dans l'intérêt tout particulier, dans la sollicitude affectueuse dont ces bons offices ont besoin le plus souvent d'être assaisonnés pour porter leurs fruits.

Le médecin n'est donc plus un simple vendeur ni un serviteur ordinaire : il est l'homme de confiance et l'ami... Mais une sorte d'ami qui ne vous appartient pas ; un ami d'ordre général sur lequel vous êtes en droit de compter, puisque, par état, par dignité, par respect de lui-même, il vous doit ce qu'on attend d'un ami, aide et protection.

Toutefois, remarquons-le bien, c'est un ami qui n'est pas comme un autre, parce qu'il n'est pas notre égal, parce que nous ne pouvons pas lui rendre ce qu'il nous donne, ni faire pour lui ce qu'il va faire pour nous.

Il est le *famulus* secourable, le confident de tout le monde.

*
* *

On conçoit de quel caractère élevé un médecin se trouve par le fait investi, et quel rôle exceptionnel il est appelé à remplir dans la société. Tous ceux qui sont dans la peine et qui ont besoin d'être soulagés ou relevés viennent à lui pour en avoir assistance. Tous les égoïsmes souffrants font appel à sa commisération, à ses lumières et à son bon cœur.

Dans des conditions pareilles, quelle action considérable ne va-t-il pas exercer sur son entourage ? De quelle puissance, pour le mal comme pour le bien, n'est-il pas en état de disposer ?

On comprend, dès lors, que les membres d'une profession aussi grave et aussi nécessaire soient astreints à des obligations plus rigoureuses que le commun des gens ! On comprend qu'ils aient été, en maintes circonstances, l'objet d'une législation spéciale, et qu'ils aient besoin aussi d'une discipline particulière, d'une règle morale à part.

*
* *

La médecine est une carrière de dévouement. Elle exige qu'à chaque instant le ministre de ses autels y sacrifie ses révoltes intérieures, ses susceptibilités blessées, sa droiture méconnue, sa bonne foi trompée, sa réputation déchirée et vilipendée..... En y entrant, on doit voir autre chose que soi-même, que ses petits intérêts, que la satisfaction de ses goûts et de ses jouissances surtout; et ce serait positivement s'avilir que d'y apporter les appétits mesquins du monde des affaires, en recherchant trop la fortune ou en courant après les distinctions honorifiques.

L'honneur de la profession est au-dessus et en dehors de tout cela.

Ce qui le prouve ? C'est que nous n'admettons pas sans difficulté et sans répugnance, pour faire partie de nos sociétés confraternelles, ceux qui s'adonnent à la réclame et aux prospectus, les charlatans qui considèrent les malades comme une matière à exploiter.

* *

A cet égard, on pourrait croire que beaucoup de célébrités médicales dans les grandes villes semblent nous donner tort, en autorisant par leurs exemples, sinon par leur parole, ce que nous considérons comme une dérogation et une atteinte aux principes de morale qui doivent régler l'exercice de la profession.

Mais leur situation n'a rien de comparable à la nôtre.

Comme nous l'avons dit, le médecin est un confident pour ce qui regarde les choses de la santé. C'est l'homme de bon conseil auquel on a recours pour être assisté, éclairé, dirigé. Il appartient à une sorte de familiarité générale et il joue un rôle absolument intime dans la maison où il est appelé.

Tandis que le spécialiste en renom, que la science ou des aptitudes merveilleuses font rechercher dans certains cas embarrassants, n'a pas à tenir compte de ces considérations délicates : c'est un opérateur incomparable ; c'est un clinicien dont la sagacité et la sûreté de coup d'œil sont infaillibles ; c'est... tout ce que vous voudrez ; mais ce n'est pas un médecin dans le sens ordinaire du mot.

L'archiâtre consultant est tout à l'art ou à la partie de l'art qu'il exerce. Il n'a presque rien à voir ni à côté, ni par delà. C'est comme un brocanteur émérite qu'on charge d'estimer un reliquaire de famille d'or ou d'argent, et qui n'attache aucun prix aux cendres ou aux restes pieux qu'il renferme ni aux souvenirs qui s'y rattachent. Il se borne à évaluer la matière précieuse et un peu le travail du ciseleur.

Nos médecins consultants et spécialistes ne sont pas autre chose que cela.

En dehors des membres de leur parenté et de quelques grands personnages dont ils sont les commensaux et les amis, les médecins les plus illustres de Paris, de Vienne, de Londres, ne connaissent pour ainsi dire pas la clientèle. Ils ne peuvent pas savoir de quel bois les clients sont faits.

Et ils s'en soucient bien, en vérité ! Leur réputation est universelle. Du nord au midi, de l'est à l'ouest, on fait tous les jours appel à leur intervention ; et on cote à des prix insensés leur coup d'œil magistral, leur dextérité opératoire et jusqu'à leurs moindres déplacements. Que seraient pour eux des clients ?... Un sujet d'ennuis et un embarras sans profit d'aucune sorte.

Le modeste praticien de petite ville ou de village, qui s'attache à la clientèle et qui en vit, joue un rôle moins brillant, mais d'une nature beaucoup plus sentimentale, comme on l'a vu. Il ne se borne pas à faire de l'art ou de la science ; il est obligé de faire œuvre de charité, et il prodigue à ses clients beaucoup de soins qui ne sont pas indiqués dans les ouvrages de thérapeutique.

Quoique concourant au même but en apparence, — qui est le soulagement du malade, — ces deux variétés de la profession n'ont ni la même conscience ni les mêmes obligations d'état. On pourrait même dire que médecins ordinaires et médecins consultants n'appartiennent pas au même monde.

En réalité, ceux-ci sont les virtuoses et les enfants gâtés de la profession. Comme les trèfles à quatre feuilles, ils sont des produits exceptionnels. Or, les exceptions ne font pas la règle.

* *

Pour réformer nos mœurs professionnelles, les grands maîtres en l'art de guérir ne sont pas plus autorisés que ne le seraient des **savants de laboratoire** à nous diriger dans les indications d'un traitement. Aux uns comme aux autres, il manquerait la pratique de ce qu'ils enseignent.

A la campagne, nous sommes aux prises avec des difficultés que les médecins d'une grande ville ne connaissent pas. Nous avons pour clients des gens imbus d'idées fausses et de préjugés très enracinés; ou naïvement indiscrets, égoïstes et personnels à un degré qu'on n'imagine pas. Ces clients n'ont pas un sens moral très affiné, et ils vous proposeront avec rondeur et bonhomie, qu'ils en aient conscience ou non, des combinaisons peu correctes auxquelles ils voudraient vous associer.

Un grand médecin les éconduirait.

Nous, nous les reprenons doucement ; nous les remettons dans le droit chemin, si nous pouvons ; nous reproduisons leur pensée pour la leur faire apparaître ce qu'elle est ; en un mot, nous nous faisons petits avec les petits.. Car la sagesse n'entend pas qu'on soit tout d'une pièce et d'un abord cassant. Elle veut, au contraire, qu'on conforme sa conduite aux usages du pays et qu'on adapte sa manière de faire aux goûts et aux besoins du milieu où l'on opère.

Il faut donc y regarder à deux fois avant de s'ériger en censeurs des mœurs et de prescrire des règles déontologiques très justes, très belles en théorie, mais qu'en pratique on ne saurait observer partout.

Mais les grands maîtres ont appris à ne douter de rien !

C'est regrettable ; car enfin des préceptes qui sont faux, uniquement parce qu'ils sont trop absolus, quand ils sont enseignés *ex cathedrâ* par un professeur dont la parole fait foi, troublent sans profit la conscience des honnêtes gens de la profession.

* *

A quoi tend ce que nous disons ?

A cette vérité de sens commun que, pour parler d'une chose, il faut la connaître ; que, pour morigéner les gens, il faut se mettre à leur place, c'est-à-dire savoir à fond la situation dans laquelle ils sont placés.

Quoi qu'il en soit, ayant exercé pendent trente-cinq ans la médecine courante en province, non sans avoir été plus d'une fois embarrassé pour orienter ma route, je me crois suffisamment autorisé par cette longue expérience à indiquer à ceux qui débutent dans la carrière les fils conducteurs dont je me suis servi pour reconnaître la bonne voie.

C'est pourquoi je me permets d'offrir à mes jeunes confrères un opuscule sur l'*honnêteté professionnelle* qui a été inséré en 1882 dans le *Bulletin de la Société locale des Médecins du Doubs*.

Besançon, le 3 décembre 1888.

Dr PERRON.

DE
L'HONNÊTETÉ PROFESSIONNELLE

AVANT-PROPOS

Un Franc-Comtois aussi savant que modeste, le vénérable Girod-Chantrans [1], voulait qu'on complétât l'éducation des jeunes gens par un cours *de bon esprit de conduite ou de savoir-vivre.*

C'est un enseignement auquel jusqu'ici la théorie a manqué à peu près complètement.

Le jeune homme entre dans l'exercice de sa profession, ne sachant au juste ni ce qu'il doit faire ni ce qu'il doit éviter, à moins qu'il n'ait un père de même état pour guider ses premiers pas.

Les préceptes de l'honnêteté professionnelle, déduits de l'expérience et inscrits dans la conscience des hommes faits, ne sont pas encore formulés. Que dis-je? il y en a qui les nient ou du moins qui en contestent les fondements.

Voici ce que m'écrivait, sous l'empire [2], un personnage officiel assez élevé dans l'enseignement : «... Le

---

[1] Le maître et l'ami de Charles Nodier, Girod-Chantrans, est l'auteur d'un *Essai sur la géographie physique du département du Doubs,* en deux volumes, Paris, 1810. Il avait publié précédemment des recherches chimiques et miscrocopiques sur les conferves, bisses, tremelles, etc., avec planches enluminées, et plusieurs Mémoires scientifiques très remarquables.

[2] 11 novembre 1862.

devoir du médecin, dites-vous, a des principes certains. Je l'ai cru pendant longtemps. Mais les exemples sans cesse renouvelés que j'ai sous les yeux m'ont radicalement détrompé. Ces principes ne sont pas tellement clairs qu'ils apparaissent à chacun, car je ne vois guère aujourd'hui qu'un individualisme déplorable faisant fléchir au gré de ses intérêts et de ses passions toutes les règles du juste et de l'honnête ; et je suis convaincu que la loi morale, qui vous semble si évidente, aurait fort besoin d'une nouvelle et plus saisissante révélation....»

Je ne suis pas un Messie et je n'ai pas la prétention de révéler quoi que ce soit. Seulement l'expérience nous apprend, quelquefois à nos dépens, qu'il est nécessaire dans chaque profession d'avoir des règles de conduite dont il ne serait jamais sage de se départir.

Evidemment ces règles n'ont pas une sanction inévitable. On peut les enfreindre, on peut s'applaudir même un moment de les avoir méconnues, mais elles n'en ont pas moins des caractères auxquels on reconnaît toute loi morale.

1° Elles sont de sens commun, c'est-à-dire acceptées librement par la majorité des consciences individuelles ;

2° L'observation en est toujours honorable, quoi qu'il advienne, et l'infraction au contraire en est souvent punie.

———

Autrefois chaque corps d'état, limité dans son recrutement, avait des usages, des statuts, ce qu'on appelait sa tradition, et tout membre de la corporation était tenu de s'y conformer et de s'y soumettre. Cela, j'en conviens, n'empêchait pas les vieux confrères de se gourmer entre eux ; la tradition n'établissait pas une parfaite et constante harmonie dans leurs rapports, mais enfin elle les réglait.

Aujourd'hui la plupart des professions sont libres. On peut ouvrir boutique les uns à côté des autres. Et, les rapports entre gens de même état étant abandonnés à l'inspiration de chacun, il n'y a plus rien de certain, comme le dit notre personnage officiel de tout à l'heure : l'épicier sert à crédit les consommateurs qui n'ont pas payé l'épicier d'en face ; le médecin rend visite au malade de son confrère, etc. — Ils n'en sont pas moins honorables pour cela ! — Vous le croyez ? Eh bien, non ; la première fois qu'ils ont commis cette maladresse, ils ont fait un acte immoral, en favorisant l'esprit de fraude et l'ingratitude des clients, et ils ont dû se sentir humiliés quand on s'en est aperçu.

Ce qui prouve bien, du reste, la nécessité où l'on est de refréner cet esprit général d'indiscipline, dont la société pâtit, c'est la tendance qu'ont tous les corps d'état à former de plus en plus des associations syndicales.

―――

Non, il n'est pas besoin d'une révélation nouvelle, si tant est qu'il y en ait jamais eu, pour asseoir des règles et des préceptes d'honnêteté professionnelle. En morale, comme en hygiène, j'estime que la raison générale, ce qu'on appelle le bon sens, a la compétence voulue pour formuler des lois. L'observation attentive de ce qui se passe sous nos yeux doit suffire à nous guider dans la pratique de nos devoirs professionnels et à éclairer notre conscience sur le bien.

Assurément, les principes de morale admis par la raison ne sont pas indiscutables ; mais le sont-ils davantage quand ils reposent sur une prétendue révélation ? Au surplus, ils ne sont nullement contredits par les vérités révélées. Ils ont même en elles une nouvelle base, puisqu'ils sont implicitement renfermés dans la loi religieuse. C'est en leur faveur un critérium de plus.

Nous avons donc à reprendre — je ne dis pas à nous refaire — une tradition négligée pendant les révolutions des temps modernes. Cette tradition, étant fondée sur une expérience très ancienne, ne saurait être ni perdue ni changée tout à fait.

J'ai eu entre les mains un cahier de notes ayant appartenu à un écolier de l'université de Dole.

Et j'y ai vu sous cette rubrique : « De Honestate, *præceptiones notandæ Guillelmi Paulet*(1), Amagetobriensis, Dole 1660, » une série de formules curieuses condensant les règles qu'un médecin devait observer dans la pratique de sa profession. Comme j'ai trouvé ce manuscrit fort intéressant, j'en ai traduit et paraphrasé les sentences, en les appropriant aux habitudes du siècle où nous vivons.

C'est cette cuisine déontologique que j'ai l'honneur de soumettre à la Société locale du Doubs.

---

(1) On ne sait absolument rien de ce personnage, qui ne figure ni comme professeur ni comme docteur régent sur aucun catalogue.

PRÆCEPTIONES NOTANDÆ

GUILLELMI PAULET

PRÆCEPTIO I

In Deo salus. Ne gloriari.....

Ne nous vantons pas ; la guérison s'opère sans nous.

Il est bien doux de recevoir les bénédictions du public quand nos malades se sont tirés d'affaire; mais par contre il est bien amer de nous entendre diffamer quand nous les avons perdus. Ceci est pourtant la simple contre-partie de cela. — Tu pouvais laisser mourir mon enfant et tu l'as guéri; béni sois-tu ! — Tu pouvais le sauver et tu l'as laissé mourir ; je te maudis !

C'est assez logique.

On honorait jadis les médecins à l'égal des dieux. Quand ils avaient opéré quelque guérison inespérée, on leur élevait des statues, sauf plus tard à les lapider s'ils échouaient. Et plus d'un prenait sa divinité au sérieux. Ménécrate osait écrire à Philippe de Macédoine : « Le divin Ménécrate au roi Philippe, salut !... » A quoi celui-ci, en homme d'esprit, répondait : « Au médecin Ménécrate, le roi Philippe, santé ! » comme pour lui faire entendre qu'il était fou.

A la mort d'Ephestion, Alexandre fit pendre son médecin Glaucus et ruiner le temple d'Esculape.

L'empereur Adrien, à la veille de mourir de la dysenterie, ordonna qu'on écrivît sur son tombeau *qu'il était mort par la faute de ses médecins, que ses médecins l'avaient laissé mourir.*

Ne nous vantons pas trop des succès que nous avons obtenus. Tenons-nous en garde surtout contre les éloges souvent exagérés qu'on nous décerne, et méfions-nous de l'admiration temporaire et quelquefois superstitieuse dont nous sommes l'objet de la part des esprits crédules. Tâchons enfin de nous préserver des clients trop enthousiastes, parce qu'à un moment donné leur extravagance aura sa réaction, dont nous aurons à souffrir.

C'est assez difficile, j'en conviens, de ramener à des proportions raisonnables l'importance du rôle qu'on nous attribue et de maintenir dans de justes bornes la considération qu'on nous témoigne. Mais enfin il faut essayer. Il y a un certain mérite, quand on est réputé dieu, à ne pas abuser de sa divinité ; il y en a bien davantage à se dépouiller bénévolement de ses attributs, et à montrer à ses adorateurs l'inanité de ses foudres et de sa toute-puissance.

On a besoin d'être tranquillisé dans une famille quand on a un parent gravement malade. Et c'est pourquoi on veut que le médecin donne des assurances positives sur l'issue de la maladie... Mais qu'en peut-il savoir ?

Ne disons jamais que *nous répondons d'un malade et que nous sommes sûrs de le tirer d'affaire.* Ce sont des locutions de charlatans.

Ne disons pas non plus que *le malade est perdu*, que *la guérison serait miraculeuse*, etc. Des affirmations trop absolues sont insensées et malhabiles. Dans un art aussi conjectural que la médecine, un rien vient quelquefois dérouter les prévisions du plus clairvoyant, et l'événement tourne assez souvent au contraire de ce qu'il supposait.

En général, plus les médecins sont ignorants, plus ils sont affirmatifs. A cet égard le ridicule de nos devanciers, qui se targuaient d'avoir des remèdes souverains contre tous les maux, doit nous servir de leçon. Ne promettons rien que ce qu'il est en notre pouvoir de donner.

On n'est sûr de rien.

Ecoutez ce qui advint au Franc-Comtois Jacques Beaulieu, plus connu sous le nom de frère Jacques le lithotomiste.

Cet empirique fameux avait parcouru une grande partie de l'Allemagne, la Flandre, les Pays-Bas, etc., opérant de la pierre, au moyen d'une méthode nouvelle, tous les calculeux qui se présentaient, comme cela était établi par d'innombrables certificats. Il jouissait déjà d'une réputation considérable quand il résolut de se produire à Paris, sur le théâtre du monde le plus en vue.

Il fut mandé chez le maréchal duc de Lorges, qui était travaillé de la pierre. Mais comme il était d'assez pauvre marque et mal accoutré, avant de lui laisser tailler un aussi noble personnage, on jugea à propos de le faire expérimenter *in animâ vili*. On trouva dans Paris quarante calculeux, (1) — ils étaient communs dans ce temps-là, — qui furent amenés dans l'hôtel du maréchal et opérés par le frère Jacques sous les yeux des chirurgiens du roi. Au dire de ceux-ci, la taille était pratiquée d'une façon grossière et peu savante.

---

(1) Chopart, dans son ouvrage sur les maladies des voies urinaires, donne le chiffre de vingt-deux.

Il paraissait bien que notre empirique connaissait peu l'anatomie ; mais enfin tous ses opérés furent guéris en quelques semaines.

Après cela, le duc de Lorges n'hésita plus à subir l'opération. Il la subit, mais il en mourut le lendemain (1).

Réchauffons l'espérance au cœur de nos malades, parce que l'espérance soutient le courage dont tous ont si grand besoin ; mais n'affichons pas des prétentions outrecuidantes.

Les guérisons s'opèrent sans nous.

PRÆCEPTIO II

Mendacium odi et præstigia fuge

Ne trompons point ; soyons des conseillers sincères et vrais

Arnauld de Villeneuve, fameux médecin de Paris au xive siècle, avait composé spécialement un ouvrage pour diriger les débutants dans les chemins scabreux de la pratique de leur art. C'est un recueil de trucs pour se tirer d'embarras dans les cas difficiles. Il est intitulé : *De cautelis medicorum*.

« ... En voici un, le septième, qui est assez généra-
» lement employé. Par exemple, si l'examen des urines
» ne vous apprend rien, vous dites que le malade a une
» obstruction du foie. — Mais non, Monsieur, observe-t-
» on, c'est à la tête qu'il a mal. — Cela vient du foie,
» répondrez-vous. Et surtout employez avec art ce mot
» d'obstruction, dont personne ne comprend le sens ; ce
» qui est très important...

---

(1) On peut lire tout au long cette curieuse anecdote dans les *Mémoires de Saint-Simon,* qui était le beau-frère, je crois, du maréchal.

» *Septima cautela est : tu forte nihil scies de judicio*
» *ex urina ferendo, dic quod habet obstructionem in*
» *hepate. — Dicet : Non, Domine ; imo dolet in capite: —*
» *Tu debes dicere quod hoc venit ab hepate... Et speciali-*
» *ter utere hoc nomine « obstructio, » quia non intelligunt*
» *quod significat, et multum expedit ut non intelligatur*
» *locutio ab illis* (1).

Autrefois, les médecins cherchaient à frapper l'esprit des malades. Ils posaient ; ils étaient tous plus ou moins charlatans. Ils se livraient, en tenant leur sérieux, à l'inspection des urines, et ils écoutaient, sans rire, le bruit qu'elles donnent en tombant dans le vase. Et malheur à l'honnête homme, comme Botal, qui répudiait d'aussi misérables pratiques ; il était mis à l'index.

Ces singuliers personnages affirmaient l'origine surnaturelle d'une foule de maladies. Ils avaient introduit dans la pratique l'usage de l'astrologie, rédigeant et répandant des almanachs dont nous voyons encore des spécimens, et où sont notés les jours bons à saigner et bons à prendre médecine. Eraste, au xvie siècle, et avec lui quelques hommes sérieux, se plaignent que de leur temps on ne pouvait ni purger ni saigner sans consulter le calendrier.

Comme nous sommes moralement supérieurs à tous ces gens-là ! Nous valons mieux, parce que la société dans laquelle nous vivons est meilleure et plus éclairée ; parce qu'il n'est plus besoin de mentir et de tromper pour faire éclater à tous les yeux l'utilité et la grandeur de notre art.

Nous devons donc éviter de faire croire que nous avons des moyens particuliers et secrets d'opérer les guérisons.

Une des illusions les plus enracinées dans le peuple,

---

(1) SPRENGEL, *Histoire de la médecine,* tome III, page 253.

c'est que l'homme de l'art doit posséder des *secrets* certains pour guérir toutes les maladies. On croit encore aux arcanes et aux panacées.

J'avais, dans le temps, traité avec succès une petite fille d'Osse, atteinte d'ophthalmie chronique. Cette guérison, vantée là-bas avec excès, me valut du coup la confiance des gens du pays, qui venaient à mon cabinet par troupes, comme à la *consulte* du bossu d'Ecot ou du bourreau de Porrentruy. Je m'aperçus qu'en partant, la plupart des malades insistaient pour savoir à quelle officine ils devaient s'adresser, — Quel est votre pharmacien, demandaient-ils? — Je n'ai pas de pharmacien attitré. Allez où il vous plaira.

Cette clientèle, jugeant par là que je n'étais qu'un guérisseur ordinaire, sans remèdes secrets, finit par se rendre ailleurs. Je ne voulais pas être considéré comme un *médecin du secret*, et c'est bien comme tel qu'on venait me consulter (1).

Nous devons la vérité à nos amis. En conseillers sincères et dévoués, nous la devons aussi à nos clients, quand elle peut leur être utile. Que serviront à un dyspeptique, par exemple, les alcalins et les amers, si son affection, qui provient de ses écarts de régime, se reproduit sans cesse par suite d'écarts nouveaux dont il ne soupçonne pas la nocuité ? Un médecin honnête ne se contente pas des palliatifs et des adoucissants. Il cher-

---

(1) Voici comment procède, pour impressionner l'esprit superstitieux de ses clients, certain médecin spirite qui vit dans nos murs. Il n'a pas seulement son officine attitrée, mais il a soin de se faire apporter chez lui les potions qu'il prescrit, pour y ajouter quelques gouttes d'un liquide dont lui seul connaît la composition et les vertus...
Ce petit truc n'a l'air de rien, n'est-ce pas ? Employé sans rire par un adepte du spiritisme, il est *épatant*.

che à pénétrer les causes effectives de la maladie et à découvrir les habitudes vicieuses qui l'ont déterminée, afin de les signaler au malade, pour le mettre en garde et l'empêcher, si possible, de retomber dans sa faute, dût cette révélation lui déplaire.

L'intéressé, une fois guéri, n'en aura cure ? — Qu'importe ? Il ne pourra du moins pas accuser son médecin de ne l'avoir pas averti.

Puis nous aurons le mérite d'avoir sauvegardé la dignité de nos conseils, en évitant le ridicule de prescriptions inutiles.

Notre devoir est de parler; notre intérêt serait peut-être de nous taire. Pourtant, quant les choses sont dites avec tact, discrétion et cordialité, il est rare que notre franchise soit mal reçue.

En général, si la vérité est utile, il faut la dire, même quand elle est désagréable à entendre. Si elle n'est que désagréable et qu'elle ne puisse en rien profiter, il est préférable de la garder pour soi.

Il nous faut quelquefois un grand courage pour oser dire aux malades ce que nous pensons de leur état. Jamais je n'ai entendu un buveur d'absinthe attribuer ses névroses à la boisson dangereuse dont il fait abus; jamais un désœuvré, son spleen à sa vie de cancre; jamais un débauché non plus ne croira que ses prétendus rhumatismes sont imputables à ses excès et à l'épuisement. On met tout cela sur le dos des intempéries, des chagrins, des privations, et on ne veut pas convenir que les causes de nos maux sont en nous-mêmes, qu'elles dépendent de nous le plus souvent.

Et en cela, presque tous les malades sont de bonne foi. Il y en a si peu qui observent et qui sachent se gou-

verner!... « Si un homme, disait Tibère, ne sait pas, à
» trente ans, ce qu'il doit faire pour se bien porter, et
» s'il a besoin d'un médecin pour lui tracer son régime,
» il est indigne de vivre. » Eh bien! la plupart des
hommes en sont là. Ils ne savent pas ce qui leur est
bon et ce qui leur est mauvais. Ils abusent de tout, et
ils s'étonnent de souffrir!

Les médecins sont de désagréables sermonneurs; mais
ils ne sauraient se dérober à cette obligation, parce
qu'ils sont les ministres ou les serviteurs d'un dieu — la
nature — dont on ne viole pas les lois impunément.
Toute transgression coutumière de ces lois devient une
habitude vicieuse, et toute habitude vicieuse entraîne
tôt ou tard des conséquences pathologiques que l'observation la plus ancienne a fait entrevoir. C'est une sanction nécessaire. Si certaines maladies n'existaient pas,
il faudrait les inventer.

PRÆCEPTIO III

Quod inutile, nimium

Ne prescrivons rien d'inutile

Entendons-nous bien. Je n'ai pas la prétention qu'il
faille interdire au médecin de prescrire les eaux minérales à ceux qui n'en ont pas besoin et qui peuvent s'en
payer, non plus que des pâtes ou des pastilles à ceux
qui les aiment. Non, ma prétention est plus simple. C'est
qu'on doit s'abstenir de formuler et d'ordonner des remèdes uniquement pour paraître agir ou pour entrer
dans les vues superstitieuses d'un entourage qui a une
foi profonde dans la puissance et l'innocuité des drogues.

Le vulgaire a un faible pour les produits de la pharmacie, surtout quand ces produits viennent de loin, que la composition en est secrète et nouvelle et le prix un peu élevé. On ne compte pas sur autre chose pour guérir.

Comment guérirai-je, si je ne prends pas de remèdes ? — On compte pour rien le repos, un régime approprié, le temps, et ce principe régulateur de la vie qui sait si bien constituer nos organes et les défendre, ce principe salutaire que la médecine a désigné sous le nom de nature ou de force médicatrice.

Je vois avec regret ce préjugé dominer de plus en plus dans la thérapeutique. Nos journaux de médecine sont remplis d'observations médicales où l'on relate avec soin les prescriptions de remèdes, mais où l'on s'abstient systématiquement d'indiquer la diète prescrite, les aliments et les boissons, etc.; comme si la médecine n'était que l'art de neutraliser la maladie à l'aide des poisons.

Aussi vous verrez très souvent l'entourage des malades empressé à leur servir scrupuleusement leur cuillerée de julep, et négliger tout à fait l'administration des bouillons ou des analeptiques dont ils ont besoin pour ne pas mourir de faim... D'ailleurs, *on prétend que la fièvre nourrit*.

Le vulgaire ne voit que les drogues.

Nous serions coupables de favoriser ces erreurs en paraissant nous associer au préjugé que je signale. Laissons ce rôle aux charlatans qui ont pour règle l'aphorisme immoral : *Vulgus vult decipi, decipiatur ;* peuple, tu veux de la piperie et du mensonge, on t'en servira. Pour nous, sans trop heurter les préjugés populaires, efforçons-nous de les rectifier.

En quoi, dira-t-on, est-on si coupable de flatter la manie de ces bonnes gens qui croient à la vertu des drogues, comme d'autres ont foi dans les incantations et les signes de croix ?...

On est coupable, parce que, en ne redressant pas l'erreur, un médecin avilit son caractère et contribue à fausser l'esprit de ses clients.

C'est, du reste cette, manière de faire qui nous met si souvent en contradiction les uns avec les autres, et qui rend l'exercice de notre profession parfois ridicule et méprisable, comme le démontre cette anecdote :

« Je n'ai plus aucune confiance à la médecine. J'ai eu
» mal au genou quand j'étais jeune. Je suis allée con-
» sulter le Polonais, qu'on réputait bien habile dans ce
» temps-là. Il m'a fait mettre des sangsues et des cata-
» plasmes qui ne m'ont fait ni chaud ni froid. J'ai été
» voir après le docteur Pécot, qui m'a fait acheter pour
» trois francs de pommade, et cela m'a servi comme un
» cautère sur une jambe de bois. Le docteur Villars m'a
» conseillé un emplâtre. Le docteur Foncin m'a fait
» poser des ventouses... Tout cela ne m'a pas plus servi
» à porter qu'à traîner. J'ai fini par n'y plus rien faire,
» et mon genou s'est guéri tout de même. Consultez dix
» médecins, et vous aurez dix avis différents. — Et
» cependant, lui dis-je, tous vous ont conseillé le même
» traitement ? — Mais non, puisque... — Mais si : tous
» ne vous ont-ils pas dit de vous mettre au repos ? —
» Ah ! bien oui, du repos, quand on a son mari et quatre
» enfants à soigner ! »

Voilà comment nos malades perdent de vue nos prescriptions essentielles, les principes fondamentaux d'un bon traitement sur lesquels nous sommes tous d'accord, pour ne s'attacher qu'à des prescriptions presque indifférentes, à des adjuvants sans grande importance ; et cela par notre faute.

PRÆCEPTIO IV

A novis curationibus cave.

Méfions-nous des nouvelles méthodes.

En principe, le médecin fera bien de se conformer pour le traitement aux règles établies. De cette manière, il mettra toujours sa responsabilité à couvert. Il ne faut pas, en effet, que sa présomption, que ses vues particulières, ou que des idées théoriques le poussent à enfreindre les pratiques généralement reçues et enseignées dans les écoles.

Guill. Paulet ne dit pas : *Abstenez-vous d'innover,* mais seulement : *Prenez garde d'innover ;* parce que se livrer à des essais insuffisamment motivés, c'est jouer avec la santé des malades et avec leur bourse ; c'est prendre pour enjeu quelque chose qu'on nous confie et qui ne nous appartient pas.

Suivons donc les procédés communément admis dans la pratique. L'expérience des autres, des cas fortuits, la nécessité quelquefois, nous fourniront assez, plus tard, l'occasion de recourir aux nouveautés médicinales.

C'était presque au début de sa carrière. Ambroise Paré n'avait jamais vu traiter les plaies faites par arquebuse : « Il est vray, dit-il, que j'avois leu en Jean de
» Vigo que les playes faites par bastons à feu participent
» de vénénosité à cause de la poudre, et pour leur cura-
» tion commande les cautériser avec huyle de sambuc
» toute bouillante, en laquelle soit meslé un peu de

» thériaque. » Les chirurgiens introduisaient cette huile bouillante jusqu'au fond des plaies, qu'ils remplissaient ensuite d'un bourdonnet.

Paré fit comme eux. « Enfin mon huyle me manqua,
» et fus contrainct d'appliquer en son lieu un digestif
» fait de jaune d'œuf, huyle rosat et térébenthine. La
» nuict, je ne peus bien dormir à mon aise, craignant,
» par faute d'avoir cautérisé, de trouver les blessez où
» j'avois failly à mettre de ladicte huyle morts empoi-
» sonnés, qui me fit lever de grand matin pour les visi-
» ter, où outre mon espérance trouvay ceux auxquels
» j'avois mis le médicament digestif sentir peu de dou-
» leur, et leurs playes sans inflammation ny tumeur,
» ayant assez bien reposé la nuit : les autres où l'on
» avoit appliqué ladicte huyle bouillante, les trouvoy
» fébricitants, avec grande douleur et tumeur aux envi-
» rons de leurs playes. Adonc je me délibéray de ne
» jamais plus brusler ainsi cruellement les pauvres
» blessez d'arquebusade (1). »

On redoutait autrefois de ne pas laisser béantes les plaies pénétrantes de poitrine, de peur que le sang ne s'épanchât dans les plèvres au détriment des blessés. Larrey n'eut recours à l'occlusion de ces sortes de plaies qu'après le fait que voici.

Il pansait un blessé sur le champ de bataille, en Egypte. A côté de lui un jeune soldat râlait, la poitrine ouverte par un coup de sabre. Il avait la figure cyanosée. On aurait dit qu'il allait expirer. L'air et le sang sortaient avec bruit de sa blessure. Larrey, impatienté de ce bruit, eut l'idée de fermer la plaie avec du sparadrap qu'il avait sous la main, puis il se remit à son pansement interrompu. L'opération terminée, il regarda le blessé d'à côté, qu'il croyait mort. Point. Il respirait au

---

(1) Œuvres d'Amb. Paré, page 782. Lyon, MDCLII.

contraire plus librement, et sa figure avait repris une coloration vermeille.

Il fut porté dans une ambulance, où il guérit.

Voilà certes des révolutions thérapeutiques qui ne procèdent pas d'un esprit d'aventure; elles sont le résultat d'une bonne et sérieuse observation.

Sans être des routiniers indécrottables, attendons aussi, pour innover, que des événements précis, que des faits certains, nous autorisent à contrecarrer les idées reçues et à rompre avec les procédés en usage.

Nous vivons dans un temps où le goût des nouveautés est mis en œuvre par les plus spécieuses réclames. Comment se défendre d'essayer dans les maladies les plus incurables tant de remèdes secrets, tant de spécifiques presque infaillibles récemment découverts? Comment surtout préserver ses malades de la tentation si naturelle d'essayer sur eux-mêmes des produits dont la valeur n'est rien moins que démontrée?

C'est pourtant là ce qu'un honnête médecin doit faire.

PRÆCEPTIO V

Gravitatem morbi non adaugeas

N'exagérons pas nos pronostics

Arimathæus, un vieil auteur — je n'ose pas dire un moraliste — du xie siècle, dans son instruction au médecin, descend dans tous les détails d'une visite. Il s'étend sur ce qu'on doit faire, regarder, admirer, etc.

« Au patient, dit-il, promettez la guérison ; aux assis-
» tants, assurez qu'il est bien malade. De cette manière,
» s'il guérit, votre réputation s'en accroît ; s'il meurt, on
» ne manquera pas de dire que vous l'aviez prévu (1). »

C'est une tactique bien veille, mais qui réussit toujours. Pourquoi ? — Parce qu'elle répond à un besoin d'amour-propre que nous allons expliquer.

Presque jamais on n'est malade à demi. On se croit plus gravement atteint qu'on ne l'est réellement

Ecoutez Jean Ravot, qui vient visiter un de ses amis agonisants. *C'est tout comme moi,* lui dit-il, *l'année dernière… Ah! j'en ai réchappé d'une belle !… J'ai été plus malade que toi ! Le docteur Verduron l'a bien dit, et s'il ne m'avait pas pris à temps, j'étais flambé !… Et je le sentais bien !…*

Jean Ravot raconte cela et il le croit. Dans son entourage aussi on l'a cru. Verduron avait déclaré que Jean Ravot était fort malade, et comme cette assertion était conforme au sentiment de tout le monde, Verduron aurait été mal venu de dire autrement.

Et c'est toujours comme cela. On n'est jamais malade comme tout le monde. Un médecin qui aurait dit que Jean Ravot n'avait qu'une simple fièvre synoque ou catarrhale, ce qui était vrai, n'aurait pas eu les honneurs de la cure d'abord ; puis il aurait blessé l'amour-propre des gens et de son malade par-dessus le marché.

Voilà ce qui explique la vogue assez étrange des médecins Tant-Pis.

Cependant, nous ne nous lasserons pas de répéter aux jeunes praticiens qu'il est honteux de mentir, et que l'honnêteté la plus élémentaire ne permet jamais

---

(1) *La Médecine, hist. et doctrines,* par DAREMBERG. Paris 1865.

qu'on trompe, même pour être agréable à ses clients.

Certes, personne ne trouvera mauvais qu'on exagère la gravité d'une indisposition, en vue d'obliger le malade à prendre ce qu'il faut, ou pour stimuler un entourage indolent. C'est une petite supercherie qui ne tire pas à conséquence et qui n'a rien de blâmable dans son objet.

———

Quand on vous demande auprès d'un malade en danger, même quand vous verriez son état désespéré, ne dites jamais : *Vous m'avez appelé trop tard*. Soit que le malade ait été vu déjà par un médecin, soit qu'il ait été abandonné et sans autre assistance que celle de ses parents, c'est une étourderie et une maladresse que de dire qu'on vous a appelé trop tard. Cela n'a pas de sens, ou cela veut dire que si on vous avait appelé plus tôt, le malade aurait guéri. Or, vous n'en savez rien... — Mais c'est probable. — Je ne dis pas non, mais c'est incertain.

Et cependant votre assertion imprudente, qui ne peut avoir aucune utilité pour le malade, a de très sérieux inconvénients pour les autres.

Que le malade vienne à mourir !

S'il a été laissé aux soins de sa famille, votre parole risque d'éveiller des remords tardifs et d'être le thème de récriminations sans fin...

S'il a été traité par un médecin, on ne manquera pas d'imputer à votre confrère l'aggravation de la maladie, — puisque vous auriez mieux fait, — et sa réputation en sera compromise.

Un honnête médecin doit éviter ces locutions de charlatan.

———

PRÆCEPTIO VI

Viatica mortis morituris præbe

Faites que celui qui doit mourir mette en ordre ses affaires

Du temps de Guillaume Paulet, un médecin qui aurait laissé mourir un malade sans confession aurait été traité de vaudois et d'alchimiste.

Nous devons à cet égard respecter le sentiment des familles où nous sommes appelés, et les prévenir à temps quand une catastrophe nous paraît à craindre. Notre devoir se borne à cela. Nous n'avons pas à nous substituer aux parents d'un malade pour lui faire prendre ses dispositions dernières.

PRÆCEPTIO VII

Si morbi difficultate laboras, pete opem

Prenez conseil des autres dans les cas difficiles

N'ayons pas de sot amour-propre ni de susceptibilités coupables. Quand notre malade est en danger et que le sentiment de notre responsabilité nous inquiète, mettons-nous à couvert en invoquant l'assistance et l'aide d'un confrère expérimenté et de bon conseil.

Mais un consultant nous amoindrira! — C'est possible. — Il passera pour plus adroit et plus fort que nous! — Qu'importe? c'est le devoir, et si nos clients sont assez peu intelligents pour se laisser séduire et pour préférer à l'honnête médecin qu'ils ont sous la main un médecin simplement habile, ils n'ont rien qui puisse nous les faire regretter beaucoup.

En effet, n'est-ce pas l'essentiel qu'un conseiller de santé suffisamment instruit soit honnête? On est sûr au moins d'être guidé par lui dans la bonne voie, et, s'il survient un péril quelconque, d'être avisé à temps pour y parer. Puis on n'a pas non plus avec lui à se mettre en peine pour le choix d'un consultant ou de l'opérateur le plus capable, s'il fait besoin ; on sera dirigé dans ce choix avec désintéressement et sincérité.

A tous les points de vue, la consultation est généralement utile dans les cas graves : elle rassure le patient ; elle tranquillise la famille ; elle met à l'aise le médecin traitant. Pour mon compte, chaque fois que j'en ai provoqué une, je m'en suis trouvé allégé et satisfait.

La consultation a des règles qu'il faut observer et que voici :

Après que le médecin ordinaire aura rendu compte des faits principaux de la maladie et mis au courant son confrère sur le traitement suivi, celui-ci devra examiner minutieusement le malade. Cet examen terminé, les débats auront toujours lieu à huis clos. Les conclusions seront ensuite, après accord, rapportées à la famille.

Ces détails de procédure ne sont jamais insignifiants. Ils sont nécessaires pour assurer le bon ordre et la dignité d'une délibération.

On raconte qu'autrefois la discussion s'engageait au lit du malade. Les consultants discouraient à fond et à qui mieux mieux sur les cas pathologiques qu'ils avaient à traiter, et cela devant les parents attristés ou des curieux venus là exprès pour entendre. Chque opinant exposait ses idées particulières et cherchait à faire prévaloir sa doctrine dans un langage plus ou moins technique, que l'auditoire était incapable de comprendre. Cet assaut devant des profanes ne tardait pas à se passionner entre rivaux toujours envieux, poliment perfides, quelquefois grossiers, et qui ne craignaient pas d'étaler aux yeux des gens leur vanité misérable et les jalousies de la profession. Le plus clair résultat de la dispute, c'était le mépris et le dégoût qu'ils inspiraient généralement à l'assistance.

Nous ne voyons plus que bien rarement de ces scènes burlesques entre médecins, dont s'amusait si fort l'ancienne comédie. J'ai trouvé celle-ci digne du xviie siècle.

Ils étaient cinq qui pratiquaient la médecine à Neubourg, en 1866 : le vieux docteur Cynoglosse, le docteur Pamphile et trois autres. Pamphile, le plus jeune, actif et bavard, commençait à se répandre chez les petits boutiquiers et sur la place du marché. Le docteur Cynoglosse, naturellement jaloux, n'attendait qu'une occasion d'éclater. Cette occasion se produisit. Jean Ravot était fort malade. Il avait le ventre serré, tendu, douloureux, et une grande fièvre; la peau était brûlante : on craignait une péritonite. Pamphile, inquiet, provoqua une consultation, qui eut lieu le jour même. — Eh bien ! mon jeune confrère, demande Cynoglosse, après avoir examiné le malade, que lui avez-vous prescrit? — J'ai pensé, mon savant confrère, qu'il fallait d'abord le purger. — Oui, oui, *purgare!* Je ne dis pas non ; mais le purger avec quoi? — J'ai prescrit de la magnésie. — A quelle dose? — A la dose d'un gramme. — Un gramme ! avec si peu, Jean Ravot ici présent n'évacuera pas avant demain, et peut-être qu'à minuit il sera mort. — Je parie, riposte l'autre exaspéré, qu'il aura évacué avant huit heures !... Il en était cinq. L'assistance consternée ne soufflait mot. Jean Ravot, qui avait entendu la sentence, gémissait sur son oreiller. Qu'arriva-t-il? Pris de peur, le malade évacua deux heures après la visite, — à sept heures, par conséquent, — et fut guéri. On fit grand bruit à Neubourg de cette mémorable guérison. Le vieux Cynoglosse perdit son prestige, tandis que le nom de l'heureux Pamphile était dans toutes les bouches. Il devint conseiller municipal, puis maire de la commune, et Cynoglosse en creva de dépit...

Entre médecins, ne discutons jamais en public sur un malade, de peur de nous emballer.

PRÆCEPTIO VIII

Omnia sapiens, de omnibus non loquere

<small>Tout savoir, mais ne pas tout dire</small>

Au moins autant que le prêtre, le médecin est appelé dans l'intérieur des familles, où des plaies souvent cachées lui sont révélées. Et en dehors des misères qu'on lui confie, combien d'autres qu'il soupçonne et qu'on n'avoue pas! C'est pourquoi la discrétion lui est un devoir de premier ordre.

Un homme comme le prêtre, qui est revêtu de l'habit sacerdotal, tient facilement à distance les curieux. Le médecin a beaucoup plus de peine à s'en défendre. On l'aborde, on lui cause comme à une vieille connaissance à qui l'on a eu à faire dans le temps, et on ne croit pas, en le questionnant, manquer à la considération qu'on lui doit. Bien loin de là, au village on est curieux par habitude et, pourrait-on dire, par politesse. On ne demande qu'à ses amis : *Où allez-vous si matin? D'où venez-vous? Qu'allez-vous faire là?...* On ne questionne pas ainsi ceux qu'on n'aime pas.

Nous aurions donc mauvaise grâce de nous plaindre de ce qu'on nous interroge. Car cela prouve, en somme, qu'on ne nous hait point... *Tiens! tiens!* dit-on, *vous allez chez Jean Ravot, Monsieur le docteur? Est-ce qu'il y a quelqu'un de malade? — C'est lui-même. — Qu'est-ce qu'il a trouvé? D'où ça lui vient-il?...* Et si nous ne coupons pas court à ces interrogats indiscrets, on ira loin.

Nous sommes tenus à apporter la plus extrême réserve dans nos réponses et à surveiller nos expressions, qui seront rapportées, soyez-en sûr, interprétées et commentées à l'infini.

Le secret professionnel doit être sacré pour tout le monde. Il n'est pas autrement obligatoire pour le corps médical que pour les autres corps d'état. Seulement, plus que le commun des gens, nous sommes tenus de le garder, quand sa révélation n'importe ni à la justice ni à l'humanité.

— Pourquoi plus que le commun des gens? — Parce que, médecins, nous devons être des modèles de droiture et de correction dans la société; parce que les principes d'honnêteté n'ont pas dans l'application autant d'importance à beaucoup près dans les autres professions que dans la nôtre.

Personne ne peut révéler ce qu'on lui a confié dans l'exercice de sa profession et à cause d'elle, sous peine de forfaire à l'honneur. Cependant, quand de cette révélation dépend la vie d'un homme, l'honneur ou la santé d'une famille, l'hésitation n'est plus permise.

En Angleterre, on n'admet pas même qu'un ministre de la religion puisse se taire devant les tribunaux en invoquant le secret de la confession. Au mois de mars 1860, un prêtre catholique fut condamné à la prison pour avoir refusé de dévoiler la vérité en alléguant que, comme confesseur, il ne pouvait rien révéler.

Un pasteur anglican fut aussi blâmé universellement dans le public et même à la Chambre des lords, pour n'avoir pas voulu parler dans l'affaire de Constance Kent. (*Séance du 12 mai 1865.*)

A certains égards, la vertu de discrétion n'est pas la même pour le prêtre et pour le médecin. Un prêtre ne connaît que ce qu'on lui avoue. Est-il certain que ce qu'un pécheur lui confesse est véritable ?... En réalité, il ne sait rien. Nous, nous savons, parce que nous avons vu, constaté et reconnu ce que souvent le malade ne sait pas lui-même.

Nous n'avons donc pour l'obligation au secret que le devoir général qui défend de divulguer, sans une utilité d'ordre supérieur, les choses que nous avons apprises dans la pratique de notre art.

Devons-nous ne pas éclairer un chef de famille qui nous interroge, au sujet d'un mariage, sur la santé d'une personne que nous savons épileptique ? Ou un père qui nous demande s'il peut confier son enfant à une nourrice que nous traitons pour des accidents de syphilis ?... Ou bien répondrons-nous évasivement que nous ne pouvons rien dire, que le secret professionnel nous interdit de parler ?...

Pour moi, je crois que dans ces circonstances le silence d'un médecin serait un crime de lèse-humanité.

PRÆCEPTIO IX

Ne familiaritate cum profanis utere

Ne soyons jamais familiers avec les clients

N'être jamais familier avec ses clients, c'est facile à dire. Mais, dans les conditions où s'exerce la médecine à l'heure actuelle, il est bien difficile que cette règle de conduite soit appliquée rigoureusement.

En fait, la profession médicale est complètement désorganisée, c'est-à-dire abandonnée aux efforts individuels. Chacun est libre de l'exercer comme il l'entend, libre de s'établir à la porte de son confrère, libre de débaucher ses clients, libre d'avilir ses services, etc. Comme on peut voir, c'est une pauvre confrérie que la nôtre.

Il existe presque partout entre les médecins une concurrence très active. Cette concurrence peut-elle être loyale et sérieuse ?... Non ; car les arbitres du concours sont tout à fait incapables.

Supposez plusieurs médecins exerçant simultanément dans une localité. Est-ce que le public, leur juge obligé, a des connaissances suffisantes pour comparer leur manière de faire ? Evidemment, il ne peut voir que des résultats. Mais comme ces résultats tiennent souvent plus à la nature des cas pathologiques ou aux soins particuliers donnés aux malades qu'au système de traitement employé pour les guérir, le public se prononce au hasard des événements.

Un homme habile sait tout cela. Comme il n'a pas à compter sur l'intelligence des clients, il cherche naturellement à les illusionner, ou tout au moins à gagner leur bienveillance. Il est donc obligé de ménager leur susceptibilité et de prodiguer ses gentillesses à des particuliers influents qu'au fond il n'estime guère. Il prend sur lui de descendre à leur niveau, d'entrer dans l'intimité de leur vie, quelquefois de s'asseoir à leur table. Il s'associe ainsi, qu'il le veuille ou non, et quelquefois à son insu, à leurs petites hostilités et à leurs rouenes. Il devient en un mot à leur égard un courtisan, au lieu de rester un conseiller digne et indépendant. Il le faut, car sans celà il s'exposerait à être changé, à perdre des pratiques, à se voir préférer un confrère du voisinage moins scrupuleux encore.

Un seul mauvais confrère arrive à gâter toute la profession.

Il faut vivre. La nécessité de vivre n'est pas d'ordre absolu, j'en conviens; mais elle est relativement une nécessité majeure au-dessus de laquelle rien ne prévaut : contre elle, la morale ne peut pas grand'chose.

Il est bien difficile à un médecin de conserver avec ses clients des rapports strictement professionnels; mais, quand il le peut, sa situation est inattaquable. Et voilà pourquoi nous recommandons au débutant de ne se familiariser jamais avec les gens qu'il est appelé à soigner.

Défiez-vous, lui dirons-nous! Si vous dînez chez Jean Ravot, si vous causez un peu longtemps avec lui [1] et sans nécessité, vous deviendrez par ce fait l'ennemi de son voisin, dont vous ne soignerez plus jamais la parenté. Car, au village, les animosités sont soupçonneuses et impitoyables.

Défiez-vous surtout du client qui vous flatte et qui vous attire. Il a des intentions qu'il dissimule et des vues qu'il n'avoue pas. Restez aimable et poli avec tout le monde, mais ne vous livrez à personne et gardez votre distance.

Trop de familiarité engendre mépris.

---

[1] *Neque cum plebeiis de rebus multis, sed tantum necessariis, confabulatur.* (HIPP., *Liber de decenti habitu,* cap. II.)

PRÆCEPTIO X

Ne te intrudas

Ne vous faufilez pas

Entrons dans une maison, la porte grande ouverte ; notre dignité l'exige. N'y entrons pas autrement.

Quelquefois, un quidam trop zélé, que nous connaissons, vient nous requérir d'aller faire visite quelque part à un malade de ses amis qui aurait témoigné le désir de nous voir. Si le quidam en question n'a pas commission expresse de la famille, nous devons très poliment l'éconduire.

Voici comment le tentateur procède :

Il se rend chez le docteur Verduron. « Mon bon doc-
» teur, je viens de voir mon ami Jean Ravot. Je le trouve
» mal, très mal. Je lui ai dit : Je veux t'envoyer mon
» médecin, M. Verduron, qui m'a sauvé l'année der-
» nière... Si vous pouviez le visiter dans la journée, vous
» lui feriez service et à moi plaisir. » Que va faire Verduron ? Obéira-t-il à la requête de cet homme empressé, mais sans mandat, qui n'a pas du tout qualité pour le requérir ?...

Je ne sais si je suis bâti autrement que le commun des mortels ; mais je trouve cette manière de procéder tout à fait irrégulière. La requête susvisée, à moins qu'elle n'ait pour objet quelque indigent, est indigne et même avilissante pour nous. Et si Verduron, le médecin du quidam, se rendait auprès de Jean Ravot, m'est avis qu'il ferait une grosse sottise.

Qu'un artisan, sans ouvrage et besoigneux, se rende ainsi chez quelqu'un, sans y être demandé, pour obtenir un travail à faire, c'est son droit, parce que c'est dans sa tradition. Mais qu'un médecin ait aussi peu le sentiment de la dignité professionnelle, qu'il manque à ce point de circonspection, cela n'est pas permis, cela est à peine excusable.

Presque toujours, en effet, il y a dans la famille où on le prie d'aller un médecin ordinaire qui a vu le malade ou qui le verra demain. Presque toujours aussi cette famille désavouera la démarche si drôlement faite auprès du docteur Verduron. Verduron, en y allant, a donc commis une bévue professionnelle.

A qui la faute, et qui en portera, comme on dit, la pâte au four? Ce n'est pas évidemment Jean Ravot, qui ne voit que la maladie dont il souffre, qui est inquiet sur l'issue qu'elle peut avoir, et qui ne demande pas mieux que d'avoir douze médecins à ses trousses... Ce n'est pas non plus le quidam complaisant, qui est mû par le désir bien naturel d'être utile à Jean Ravot et d'accroître en même temps la réputation et la vogue de son illustre sauveur, le docteur Verduron. C'est donc celui-ci seul qui est coupable de cette intrusion inconvenante.

Bien souvent nos fautes, hélas! sont excusables, quoiqu'on ne voie pas toujours le motif qui nous a fait déroger et manquer à nos devoirs d'honnêteté professionnelle. En voici la preuve :

Je voyageais un jour en chemin de fer avec un bourgeois de Neubourg, que je connais très particulièrement. La conversation ne tarda pas, comme toujours, à s'engager sur les choses de la médecine. Quand on nous tient sur ce chapitre-là, on ne nous lâche plus... De fil en aiguille : — Que pensez-vous du docteur Naubus? — Je le connais peu, mais je crois que c'est un homme à plaindre. — Que voulez-vous dire? — C'est que Naubus doit être dans une situation gênée. — Et pourquoi croyez-vous cela? — Je l'ai supposé, parce que Naubus est un peu trop en quête des pratiques. Il va partout, sans choix, sans mesure et sans discrétion, voyant les malades des ses confrères à leur insu, multipliant les visites inutilement, flattant les clients les plus vils. On ne s'expose pas ainsi de gaieté de cœur au mépris des autres et sans y être forcé. On ne foule pas aux pieds les règles de conduite et de savoir-vivre admises par tout le monde, quand on peut faire autrement. En un mot, on ne se déshonore pas sans nécessité. D'où j'ai conclu tout naturellement que le docteur Naubus devait être dans le besoin, puisqu'il agissait ainsi dans l'exercice de sa profession. — Et vos conclusions, mon cher docteur, sont bien vraies. J'avais eu recours au docteur Naubus pour un de mes enfants qui était malade. Le cas était pressant, et ce médecin demeure dans mon voisinage. Il nous fit quelques visites, puis il m'envoya sa note, que je payai. Je ne fus pas peu surpris de revoir, l'autre jour, M. Naubus à la maison. C'était pour m'emprunter deux cents francs. Je lui fis entendre que je n'avais pas à sa disposition une somme pareille, attendu que je ne conservais chez moi que l'argent strictement nécessaire pour les menues dépenses du ménage. Il insista, me demandant seulement cent francs. — Je n'ai que soixante francs, lui dis-je. — Alors je vous prie de m'en remettre vingt-cinq, dont j'ai le plus pressant besoin.

Voilà pourquoi les mauvais confrères sont souvent plus à plaindre qu'à blâmer.

PRÆCEPTIO XI

Nihil invito medico, ægrotante invito nihil

N'obéissons pas aux caprices d'un malade, mais ne lui imposons pas les nôtres

Aristote malade disait à son médecin. *Je n'entends pas être traité comme un bouvier!* C'était pour lui faire comprendre qu'il voulait connaître le pourquoi de ses prescriptions.

Chacun entend maintenant être traité comme Aristote. On n'admet plus que l'homme de l'art parle et formule en latin. On veut du bon français.

Le milieu intellectuel de la société où nous vivons s'étant élevé, il est impossible qu'un médecin ne tienne pas compte aujourd'hui des exigences de clients devenus majeurs, et qu'il s'abstienne de discuter avec eux le bien fondé de ses ordonnances. Ce changement dans les mœurs est la marche en avant du sens commun; il est tout en faveur de la science, et il contribuera plus que nos lois syndicales à nous débarrasser des médecins du secret, des trompe-nigauds et des charlatans.

Quand un malade nous fait des objections sur l'opportunité d'une médication qu'il hésite à accepter, et quand il nous demande à définir une expression que nous avons employée et qu'il n'a point comprise, donnons-lui la satisfaction de l'éclairer et de le convaincre. Estimons un client pareil : il ne peut que faire honneur au médecin de son choix. Ce n'est pas une brute, ce n'est pas un bouvier, comme disait Aristote.

Je conviens qu'on peut être parfois très embarrassé pour traduire ou pour définir certains mots techniques, quoiqu'ils aient presque toujours des synonymes ou des équivalents dans la langue française. Je conviens aussi qu'il est plus malaisé encore de justifier certaines croyances doctrinales et les habitudes de routine auxquelles nous obéissons souvent dans la pratique. Mais tant pis pour nous, si l'explication n'est pas satisfaisante.

Ce n'est pas là que gît la plus grosse difficulté. C'est plutôt dans la pression exercée sur le médecin, dans le but d'obtenir de lui des remèdes. On l'oblige en quelque sorte à les prescrire abusivement. Car, malgré les progrès de la raison générale, on conserve en eux une foi robuste.

Bien des personnes croient encore que la médecine n'est pas autre chose que l'art de guérir au moyen des médicaments ou à l'aide des simples. Tout homme de cabinet qui sait à peu près doser les poisons pharmaceutiques, qui connaît ou qui est censé connaître les propriétés curatives des plantes, sera réputé un guérisseur accompli et consulté par une certaine clientèle, la plus productive, parce qu'elle est la plus nombreuse. Voilà pourquoi nous voyons tant d'apothicaires assaillis par les consultants, dont ils ont peine à se défendre, à Besançon comme à Pretin.

Un patient a certainement le droit de ne pas suivre un traitement que nous lui indiquons; mais il n'a pas celui de nous forcer la main pour nous obliger à prescrire une substance quelconque que nous jugeons inutile. Qu'il l'essaie, s'il le veut, à ses risques et périls; notre devoir se borne à lui conseiller de s'en abstenir.

Par contre, nous avons le droit de prescrire au malade ce que nous croyons utile à sa guérison; mais nous n'avons pas celui de l'obliger à prendre quoi que ce soit, ni même de recourir à la supercherie pour l'y contraindre.

Ces propositions me semblent évidentes. En conséquence, je ne crois pas qu'un médecin fasse bien de prescrire du *metallum album* à ceux qui ont peur de l'arsenic, ni des sels d'hydrargyre à ceux qui redoutent les mercuriaux. Il ne lui est pas permis de se livrer sur eux à la plus petite opération de chirurgie sans leur assentiment; comment le lui serait-il de leur faire avaler des drogues dangereuses ou réputées telles, s'ils n'en veulent pas? Quelle grave responsabilité n'assumerait-il pas! Et quels ennuis, si les résultats de la cure ne sont pas ce qu'il avait prévu!...

PRÆCEPTIO XII

Defende pares

Entre confrères, défendons-nous

Gens de même état, gens envieux, a dit la sagesse des nations.

Soyons envieux, puisque c'est dans la nature humaine, mais aussi soyons justes. L'esprit de justice sera le correctif de nos mauvais sentiments.

Quand vous entendez quelqu'un diffamer devant vous un confrère en lui imputant soit des faits indélicats, soit des propos ineptes, imposez-lui silence. Vous ne devez pas écouter, sans avoir qualité pour cela, des rapports diffamatoires, ni savoir que votre confrère a médit de vous ou qu'il a forfait à l'honneur professionnel. Faites donc taire celui qui vous pousse à la haine et qui réchauffe en vous les mauvais instincts. Il espère vous flatter, et il vous trompe. Demain il dira de vous ce qu'il dit aujourd'hui d'un autre. Seriez-vous bien aise d'être, vous aussi, jugé sans être entendu?

La confraternité n'a pas que des devoirs négatifs. Se borner à ne point faire de mal ne suffit pas; il faut encore faire le bien et empêcher le mal par autrui.

Dans l'exercice de chaque profession, on se heurte à des difficultés inattendues. On encourt parfois des responsabilités qu'on ne devrait pas assumer, et l'on est pris à partie sans pouvoir se défendre, parce que la situation dans laquelle on s'est trouvé ne serait pas comprise par le vulgaire. Les membres de la profession qui ne sont pas en cause sont tenus de défendre, quand ils en ont l'occasion, leurs confrères injustement attaqués.

Il n'est pas rare, par exemple, que l'un de nous soit accusé d'être un âne, parce qu'il a laissé mourir Jean Ravot. *Il n'a pas connu sa maladie*, dit-on; *il n'a pas su lui couper la fièvre; il ne l'a pas pris à temps; il lui a fait mettre les mouches qui ont fixé le mal sur la poitrine; qui y ont attiré le sang et les humeurs;* etc. La parenté du défunt, pour se venger et quelquefois pour ne point payer son médecin, répand ces stupides racontars; et le vulgaire, qui les recueille et les colporte, est bien aise de les redire aux autres médecins qu'il sait jaloux.

Quand ces préjugés et ces aberrations se produisent devant nous, ne les laissons pas passer sans mot dire, et surtout n'ayons pas l'air de les approuver par un sourire; car on serait autorisé à croire que, par envie et par haine du confrère, nous nous associons à la petite infamie machinée contre lui. Qui de nous, d'ailleurs, n'a pas eu à souffrir dans le temps ou n'aura pas à souffrir quelque jour de ces sottes imputations? Il y en a qui font consister la médecine dans la partie de l'art qu'ils exercent et où ils excellent. Pour cet accoucheur? Si vous n'êtes pas habile à faire une version, vous n'êtes pas un médecin... Pour ce chirurgien? Si vous ne savez pas amputer ou désarticuler *tutò, citò et jucundè*, vous ne savez rien.

Ces prétentions sont puériles.

Un médecin est tenu certainement de posséder une connaissance aussi exacte que possible de l'art qu'il pratique, et de se mettre au courant des nouveautés scientifiques. Mais, avant tout, il doit être un grand caractère, c'est-à-dire orné de certaines qualités du cœur, comme de modestie, de bienveillance et de désintéressement.

Faisons donc taire les méchants et fermons la bouche aux imbéciles. Soutenons-nous. L'esprit de corps ainsi compris ne peut que nous honorer tous.

PRÆCEPTIO XIII

Cunctis studiosè ac pariter succurre..., nisi quum pestis invaluerit

Soyons à tous ceux qui réclament nos soins, sauf en cas de peste

Devons-nous soigner sans distinction les pauvres et les riches, ceux qui sont mal comme ceux qui sont bien cotés, et nous rendre avec un égal empressement partout où notre assistance est réclamée? En théorie, c'est admirable. Dans la pratique, c'est inadmissible, et, dans bien des cas, ce serait contraire à la morale professionnelle.

Le commun des gens du monde estime que le médecin ne s'appartient pas. On prétend qu'il se doit aux malades, et qu'il peut être requis à n'importe quel moment, la nuit comme le jour, par le premier venu et à l'occasion d'un événement quelconque. Aussi, on aurait bien tort de se gêner avec lui. C'est pourquoi, comme on dit, *on va le chercher en voiture, mais il s'en retourne à pied*. Quand on a obtenu de lui ce qu'on voulait, il devient inutile, et on ne lui fait pas même les honneurs d'une reconduite. Est-ce qu'il ne se doit pas à tous ?...

C'est là une conception erronée du rôle des médecins dans la société. Ils sont en effet tenus de prodiguer aux malades qui en ont besoin leur temps et leur affection ; mais comme ils ne peuvent pas échapper plus que les autres aux nécessités de gagner pour vivre, ils sont forcément des hommes d'affaires en même temps que des hommes de charité. Quelques philanthropes de cabinet voudraient que l'homme de l'art s'en tînt absolument à ce dernier caractère de son rôle, à ce qui n'est pas susceptible d'entrer en ligne de compte, l'affection et le dévouement n'étant cotés nulle part...

Il est sûr que si le médecin n'avait d'autre préoccupation que le lucre, il serait indigne d'exercer sa profession. Mais s'il se contentait de prodiguer gratuitement ses soins, il s'élèverait si fort au-dessus de l'humanité qu'il ne serait plus un homme ordinaire : il serait un héros. Comme l'héroïsme constitue une exception, il est inutile d'en parler. Occupons-nous seulement du médecin qui rentre dans la règle commune, c'est-à-dire de celui qui est tout à la fois un homme d'affaires et un homme de charité.

Se doit-il à tous indistinctement ?

Je réponds : Non.

L'humanité est un devoir général et absolu. Mais si quelqu'un en réclame pour lui seul les bénéfices, ou dans un but d'injustice et de malhonnêteté, il cesse d'y avoir droit.

Je précise. Supposons qu'un riche bourgeois tombe

malade. Il a quitté grossièrement le docteur Bredillet, qui l'avait soigné l'année dernière, sans le payer ni lui dire merci, en le diffamant pour être quitte. Estimez-vous que le docteur Verduron soit obligé d'accepter la succession de son confrère? Est-ce qu'en l'acceptant, il ne commettrait pas un acte répréhensible?

Si l'ingratitude de ce bourgeois n'était pas punie, la loi morale à laquelle elle porte atteinte n'aurait plus de sanction.

Mais si le docteur Verduron se fait bien payer d'avance? — Le blâme qu'il encourrait n'en est que plus évident.

Il y a d'autres circonstances où le médecin doit refuser son concours. S'il a connaissance qu'on l'appelle en haine d'un confrère et pour jouer pièce à celui-ci; si on l'invite à contrôler les opérations ou le traitement d'un voisin, etc., il fera sagement de s'abstenir.

— Mais les clients sont libres, direz-vous. — Eh! le médecin l'est aussi. Il est libre, sauf dans les cas d'urgence exceptionnelle, dans un accident pressant, par exemple, ou pendant l'absence de son confrère empêché.

Doit-il prodiguer à tous ses malades indistinctement la même affection et les soigner avec un égal dévouement?

Je réponds : Oui.

Quand un client, riche ou pauvre, m'a fait l'honneur de me choisir comme médecin, et que j'en ai librement accepté les obligations, il s'est formé entre nous un contrat tacite. Nous avons pris par le fait l'engagement, moi, de le traiter pendant sa maladie avec tout le zèle et la sollicitude dont je suis capable; lui, de me rémunérer convenablement une fois mon œuvre accomplie. Or, comme chacun a la prétention d'être soigné au mieux de ses intérêts et de guérir le plus vite possible, il s'ensuit que je ne puis pas avoir deux poids et deux mesures, ni deux manières de me conduire à l'égard de chacun ; je dois faire pour le mieux.

C'est évident. Le client pauvre a droit aux mêmes soins que le riche et à des conseils aussi éclairés. Que dis-je ? Comme celui-ci est en général dans des conditions plus favorables de bien-être, comme il vit dans un milieu plus intelligent, il a moins besoin que le pauvre de la sollicitude et des attentions continuelles d'un conseiller.

A la fin de cette leçon, Guillaume Paulet ajoute : *Omnibus succurre, nisi quum pestis invaluerit* : soignez-les tous, excepté dans les temps d'épidémie, sauf quand la peste sévit...

Voilà une étrange réserve.

Il serait pourtant injuste de reprocher à notre moraliste une opinion qu'il ne fait qu'exprimer. Cette opinion avait cours à son époque et dans les siècles antérieurs.

Chaque fois que la peste se déclarait dans un pays, les médecins s'en allaient comme les autres, au loin quand ils le pouvaient, pour échapper à la terrible contagion. Sydenham, l'Hippocrate anglais, ne croyait pas manquer à ses devoirs en quittant Londres au plus fort de la peste des années 1665-1666 ; et ses contemporains ne le croyaient pas non plus.

Il faut savoir, d'ailleurs, qu'en Franche-Comté des règlements de police très sévères interdisaient aux médecins de soigner les pestiférés. Si, par surprise, en allant voir des malades, et dans le hasard de ses courses, un médecin venait à reconnaître un cas de peste, il était tenu d'en faire la déclaration aux autorités du lieu et de se soumettre incontinent lui-même à une rigoureuse quarantaine.

Les personnes atteintes de peste n'étaient pas pour autant abandonnées et sans secours. On les envoyait aux loges, dans des baraquements élevés en dehors de la ville ou du village, où elles étaient pourvues des choses les plus nécessaires à la vie. La corporation des médecins chargeait un ou plusieurs confrères de s'enfermer avec elles et de les assister de bons soins et de remèdes.

Cette prescription des lois du temps nous semble excessive. Mais notre indifférence à l'égard des contagions le paraîtrait-elle moins à nos anciens?... Il y a peut-être excès de part et d'autre (1).

C'est beau d'être courageux ; mais il faut l'être autrement que le sanglier blessé qui se précipite sur l'épieu du chasseur, où il trouve la mort.

(1) A Paris, on se préoccupe déjà d'isoler les accouchées malades, de désinfecter les voitures qui ont servi au transport des varioleux, etc.
« La peste fut transportée de là à Kélaté-Arab, le 25 avril 1881, par le
» médecin qui avait soigné les malades dont nous venons de parler ; il
» était retourné chez lui déjà atteint par la contagion, et il mourut après
» quarante-huit heures d'une maladie qui présenta tous les symptômes
» de celle de Boudagabad. Trois jours après la mort du médecin, son
» neveu, son frère et sa sœur tombèrent malades et moururent aussi
» après deux jours de maladie. Le 5 mai, l'épidémie régnait déjà avec
» intensité à Kélaté-Arab ; le 10 seulement, les bubons axillaires et in-
» guinaux parurent sur presque tous les malades ; à la fin de l'épidémie,
» le 25 juin, on compta 240 décès sur 1,000 habitants. » *Sur deux petites épidémies de peste dans le Khorassan*, par J.-D. THOLOZAN. Note communiquée à l'Académie des sciences. (*France méd.*, 1882, tome Ier, page 115.)
Voilà qui justifie amplement la réserve exprimée par Guillaume Paulet dans sa 13e leçon.

PRÆCEPTIO XIV

Dignitati parce

Ne nous prodiguons point

Nous avons à nous défendre contre les obsessions de certains malades qui voudraient toujours avoir le médecin à leur chevet.

Si nos visites peuvent être utiles et sont réclamées par la famille, notre ligne de conduite est toute tracée. Mais si elles ne sont désirées que par le patient et pour sa seule distraction, soyons attentifs et très réservés.

Il ne serait ni digne ni convenable de subir le caprice de nos clients, quels qu'ils soient. Nous devons les servir avec sollicitude, leur apporter les consolations et les encouragements dont ils ont besoin, mais non leur servier de jouet.

Il est bon que notre venue soit un peu désirée. Celui qui se prodigue, si agréable et plaisant qu'il soit, finit par importuner et par incommoder les gens.

D'ailleurs, un médecin qui paraît *tirer à la visite,* comme on dit, devient l'objet du mépris public. On suppose, avec assez d'apparence de raison, qu'en multipliant ses consultations il obéit à un mobile intéressé. Et je ne sache rien de plus odieux ni de plus vil dans un médecin que la cupidité.

PRÆCEPTIO XV

Ægrotis deesse malum

Il serait odieux d'abandonner son malade

Si l'on ne doit point prodiguer sans utilité les visites à un malade, encore moins doit-on l'abandonner, même lorsqu'on croit n'avoir plus rien à lui prescrire.

Un médecin n'est pas bon qu'à médicamenter ou qu'à prescrire des drogues et un régime. Par sa présence, il ramène un peu d'espérance au cœur de ceux qui souffrent et qui ont confiance en lui, et sa vue seule est un allègement à leurs maux. Il exerce ainsi, en vertu de son caractère, un prestige indéniable sur les malades dont il a la direction. Il les réconforte ; il leur fait du bien.

Quand son patient l'aperçoit, il se sent renaître, et il se dit : *Le voici ! c'est donc que je ne suis pas tout à fait perdu...* Et il lui fait part des inquiétudes qu'il a eues pendant son absence, des malaises et des douleurs qu'il a éprouvés. *Est-ce que ma maladie changerait, docteur ? Avant-hier, j'avais mal à la poitrine : et aujourd'hui, c'est à l'épaule...* — *Mieux vaut souffrir à l'épaule qu'à la poitrine, répond l'autre. Vos douleurs, un petit sinapisme les fera passer !* etc. Et le pauvre malade, un peu rassuré, se reprend à vivre.

Si son médecin ne vient pas : *Ah ! je vois bien que c'est fini !... M. Verduron m'abandonne !... Il a bien vu qu'il n'y avait plus rien à faire !...*

Il n'existe rien de pareil dans aucune autre profession, pas même dans celle du prêtre.

Médecins, un sentiment naturel nous lie en quelque

sorte aux malheureux que nous assistons. Et ce sentiment n'est pas chez eux une simple affaire de superstition, ni absolument de la faiblesse d'esprit, puisque le plus malade peut se dire : *On en a guéri qui étaient plus mal que moi !...* C'est donc qu'on a besoin de vivre et que la médecine est une branche de salut à laquelle on se rattache *usque ad mortem*.

Abandonner un malade dans des conditions pareilles, ce serait de la part du médecin une défection coupable.

— Mais, objectera-t-il, mes visites sont superflues? — Non, puisqu'elles font du bien au malade. — Mais que dire? Que prescrire? J'ai tout épuisé, et ma rhétorique est à bout. — Vous êtes là; cela suffit! — Je ne puis pourtant pas me prêter au rôle d'amuseur! Il me répugnerait de faire de la comédie! — Et qui n'en fait pas? Qui n'est pas obligé d'en faire avec les faibles, les enfants, les fous? Et qui à ses heures n'exige pas qu'on en fasse avec lui?

Nous nous honorons infiniment à n'écouter pas les inspirations de notre lâcheté et de notre orgueil, et à surmonter nos répugnances, dans le but de soutenir le moral d'un moribond, et aussi d'encourager, si peu que ce soit, ceux qui l'entourent.

Il y a souvent plus de mérite à soutenir une belle retraite qu'à vaincre sur un champ de bataille.

PRÆCEPTIO VI

Versatilitas omninò repudianda

Ne favorisons point l'inconstance des clients

Comme la curiosité, l'inconstance est dans nos instincts. Nous la voyons vivace et active, surtout dans les enfants et chez les peuples primitifs. Comme la curiosité, elle est aussi dans les mœurs populaires. On désire changer, parce qu'on désire toujours mieux que ce qu'on a.

Et c'est assez naturel. Si la réflexion ou l'éducation, si la raison ou le milieu ne corrigeaient pas en nous ces penchants originels, nous les apporterions brutalement dans toutes nos relations sociales. Nous prendrions les domestiques et les fournisseurs à la quinzaine; nous changerions d'avoué à chaque procès et de médecin à chaque maladie nouvelle. Voilà ce que l'instinct nous ferait faire. Ceux que la réflexion ne ramène pas à des résolutions plus sensées sont fort à plaindre et généralement les plus mal servis.

On ne saurait donc en vouloir beaucoup aux inconstants, qui sont ingrats sans s'en apercevoir. Tout ce qu'on peut en faveur de clients pareils, quand on est requis de les assister, c'est de leur faire sentir le sans-gêne et l'inconvenance de leurs procédés vis-à-vis de ceux qui les ont servis, et de les éconduire poliment.

J'entends dire : Est-ce qu'on n'est pas libre avec son argent? Est-ce qu'en appelant un médecin dans ma famille, je me lie avec lui à perpétuité? — Je réponds : Quand ce médecin vous a donné des soins avec zèle et dévouement, sans vous tromper, sans faillir, je n'admets pas que vous soyez tout à fait quitte envers lui, parce que vous lui avez payé ses honoraires. Vous avez payé son temps; mais avez-vous estimé et payé la partie la plus délicate de son sacerdoce, ce qu'on ne peut pas évaluer commercialement? Il est évident, d'ailleurs, qu'en le changeant capricieusement pour un autre et qu'en cessant de l'employer sans motifs avouables, vous lui causez un certain préjudice, vous l'amoindrissez et, en tout cas, pour sûr, vous le blessez. C'est licite, sans doute, mais ce n'est pas moral : c'est le fait de gens mal élevés.

On dit encore : Est-ce que vous pouvez empêcher un malade d'avoir des préférences? Est-ce que la confiance se commande? — On doit satisfaire autant qu'on peut le malade quand sa confiance n'est pas vaine ou que ses préférences sont raisonnables et très déclarées. Mais le plus souvent ses préférences ne reposent que sur des considérations puériles. Il quitte Bredillet pour Verduron, parce que l'un porte des lunettes ou parce que l'autre est plus adroit.— Adroit? Qu'est-ce à dire?— Oui, il a très à propos ouvert l'abcès dont Jean Ravot souffrait depuis quinze jours ; il a guéri l'enfant du voisin qui avait des vers, etc. Verduron est un médecin très adroit. Et à la campagne, et même en ville, quand on a dit qu'un médecin est très adroit, on a tout dit. Ses connaissances et ses qualités morales sont des choses absolument secondaires.

Il est facile au débutant de se créer une clientèle nombreuse. Il est plus difficile de la conserver.

> Les nouveaux venus
> Font les cimetières bossus.

Il y avait à Margevelle un médecin très honorable du nom de Bredillet. Un de ses confrères, relativement jeune, qui était bien loin d'avoir autant que lui de valeur scientifique et d'expérience, vint un beau jour s'établir dans le même village. La nouveauté, la curiosité, l'envie peut-être, que sais-je? firent que la pratique courut à celui-ci et que le pauvre Bredillet n'eut plus de malades à visiter. Et, coïncidence bizarre, la mortalité à cette époque était presque nulle à Margevelle. « Croiriez-» vous, m'avouait Bredillet, le cœur navré, que depuis » que ce charlatan est au pays, l'état sanitaire y est » excellent! Et les nigauds de Margevelle ne manquent

» pas de dire : On voit bien que cette vieille bête de
» Bredillet n'est plus le médecin de la commune; il n'y
» meurt plus personne ! » La vérité est que Bredillet ne
fit plus rien et mourut inconsolable.

Quand le malade d'un confrère vient à nous, se remettant à nos bons soins, disons-nous bien que sa confiance n'a guère de stabilité, et qu'à la première occasion il nous lâchera pour suivre une autre célébrité de passage.

A certaines familles, vraiment, il faut du nouveau, des charlatans ou des médecins circulateurs qui ne font que camper dans le pays, y briller deux ans et disparaître. Nous qui sommes des médecins honnêtes et stables, ne pourrions-nous pas tenir ces familles-là en quarantaine ?

Quelquefois, les misères de la profession sont en dehors de nous; mais souvent aussi elles sont le résultat de notre esprit d'indiscipline. On a proposé de signaler les mauvais payeurs; je proposerais encore qu'on mît à l'index et au ban de l'opinion les clients dont l'ingratitude est notoire, et qu'on les laissât tout à fait aux mauvais confrères auxquels des procédés indélicats les ont unis.

Ce sera l'affaire de nos syndics, quand nous en aurons. En attendant, lorsqu'un nouveau client nous arrive, demandons-nous toujours d'où il nous vient et qui nous l'envoie, afin de ne pas tomber dans un guêpier.

« La Compagnie des médecins d'Amiens, par une dé-
» libération du 15 décembre 1654, défend à ses membres
» d'assister, même de conseils, en leurs indispositions,
» les bourgeois qui, après avoir été secourus durant

» leurs maladies, quittaient lâchement et sans recon-
» naissance d'un tel bienfait ceux qui les avaient soi-
» gnés, à peine d'être traités comme *faux frères* et indi-
» gnes d'une telle compagnie (1). »

De tout temps, les clients rouleurs ont été la plaie de la médecine.

Si le malade d'un confrère réclame nos soins et nous appelle en cachette, c'est qu'il nous méprise. A la vérité, il paraît croire à l'efficacité de nos méthodes de traitement, mais il nous suppose aussi malhonnête et jaloux. C'est donc qu'il nous méprise ; car ce qui fait l'homme, c'est plutôt le caractère que le savoir.

Si le malade qui nous a quitté grossièrement en cours d'une maladie vient de nouveau réclamer nos soins, n'usons pas à l'égard de son nouveau médecin du procédé dont il s'est servi envers nous. Ne reprenons pas volontiers ce client volage. Laissons-les l'un à l'autre : ils sont faits pour s'entendre et pour se traiter réciproquement comme ils le méritent.

Pourquoi, Monsieur le docteur, n'avez-vous pas voulu retourner chez Jean Ravot ? Je n'ai pas voulu, à quel prix que ce fût, m'exposer de nouveau à l'avanie qui m'a été faite il y a deux ans... — Oui, oui, je le sais bien, ils ont eu tort. Mais c'est bien changé ! — Et pourquoi les Ravot font-ils à Verduron l'affront de le quitter ? — C'est que ce médecin ne plaît pas aux enfants. — Je cemprends. Ils m'ont quitté sans motif et ils voudraient quitter Verduron sans raison. Voilà la différence.

---

(1) *Almanach d'Abbeville,* 1862. Ephémérides picardes.

Le résultat de mon refus, c'est que j'ai fixé un inconstant. Ravot est resté fidèle à Verduron. Ils sont encore très bons amis. Et Verduron ne se doute pas que j'ai maté le client à son profit.

PRÆCEPTIO XVIII

Laboris mercedem obsequere

Faisons payer nos honoraires

Toute peine mérite salaire, a dit la sagesse des nations. Nous devons exiger la rémunération de nos peines ; nous devons l'exiger de tous, sauf des indigents et des nécessiteux.

Avant donc que nous songions à relever nos tarifs, avant que nous parlions d'augmenter le prix de nos visites, il serait convenable et plus rationnel de faire payer tout le monde. Sans quoi, l'aggravation d'une surtaxe ne pèserait que sur les bons clients, et non sur les mauvais, qu'il faut atteindre, parce qu'ils sont la cause effective des misères de notre profession.

C'est le mauvais client qui abuse de nous et qui s'en moque. C'est lui qui nous envoie chercher avec effronterie et qui, finalement, nous dénigre. C'est donc le mauvais client qu'il s'agit de morigéner.

Pour cela faire, nous aurions besoin de lutter contre les caprices de la clientèle ; et, avant de nous rendre auprès d'un malade que nous ne connaissons pas, il serait bon de s'enquérir d'où et pourquoi il vient à nous. L'enquête serait généralement facile ; mais on a peur de s'y livrer, pour ne pas léser parfois ses intérêts en s'exposant à perdre ou à manquer quelques visites productives.

Que répond le boulanger ou l'épicier à celui qui vient brusquement lui demander du pain ou des épices à crédit? Qu'il ne livre pas à crédit à tout le monde... Pourquoi n'agirions-nous pas de la même façon? Est-ce que nos visites, nos prescriptions, nos conseils, sont moins précieux que les denrées coloniales? Est-ce que l'entrée d'un médecin dans une famille n'a pas assez d'importance pour cela? N'est-elle pas quelque chose de plus grave même qu'une question d'argent?

On objecte que souvent l'humanité nous fait une loi de courir là où l'on nous appelle... Oui; mais seulement, comme nous l'avons dit, dans des cas pressants et très exceptionnels. Doit-on en conclure que nous sommes tenus d'obéir à la requête du premier venu qui nous demande au lit d'un malade?

Evidemment non. Cette manière de faire jetterait la médecine dans un complet désarroi.

Mais avec des scrupules pareils, comment vont s'en tirer les jeunes? — Les jeunes? Ils feront un noviciat. On ne s'assied pas sans peine au banquet de la vie; mais encore faut-il savoir y prendre sa place sans trop jouer des coudes, sans bousculer ses voisins et sans manquer surtout à la décence et aux bonnes traditions. De cette manière, on y arrive moins facilement; mais on s'y tient mieux.

J'ai entendu des médecins se plaindre que la rentrée des crédits se faisait mal; qu'ils avaient beaucoup de notes en souffrance et dont ils ne seraient jamais payés.

Des plaintes pareilles, si fâcheuse que soit la situation, sont très peu intéressantes. Elles ne font guère honneur à la perspicacité de ceux qui les produisent.

Quels clients servent-ils donc? Sans doute des clients rouleurs, qu'ils ne connaissent ni d'Eve ni d'Adam, et qui n'ont jamais payé personne!... Mais alors pourquoi les ont-ils servis? Sans doute pour attirer l'eau à leur moulin, pour paraître travailler beaucoup, peut-être même pour faire pièce à quelque confrère en lui enlevant des pratiques? En somme, ils sont comme ces mauvais marchands qui, pour achalander leur boutique, servent d'abord tout le monde à crédit. Ce sont les gâcheurs de la profession; ils ont tort de se plaindre.

———

Certains philanthropes, frappés de l'abandon dans lequel des malades se trouvent souvent, voudraient que l'administration des secours médicaux fût absolument gratuite, comme d'autres voudraient qu'on supprimât les vices, les laideurs, les accidents, en un mot toutes les misères qui affligent la pauvre espèce humaine.

Ces conceptions sont de la haute fantaisie. Il faut couper les ailes à ces chimères quand on en trouve l'occasion.

L'idée théorique de supprimer les misères sociales est à peu près inoffensive. Elle a même ce résultat avantageux qu'elle pousse aux améliorations et aux réformes. Mais l'idée de rendre la médecine gratuite et peut-être obligatoire est une idée plus concrète, et par conséquent réalisable. Elle séduit bien des esprits.

Comme on a décrété la gratuité de l'enseignement, on peut d'un jour à l'autre, si l'on a des fonds disponibles, décréter celle de la médecine.

— Pourquoi pas?

— Je vais vous le dire.

En principe, si le malade et le médecin ne sont pas

parfaits, avec la gratuité ils ne parviendront jamais à s'entendre. Pour peu que le médecin soit un homme aimant le monde et les distractions, ce qui est commun, et pour peu que le malade soit exigeant et personnel, ce qui est ordinaire, leurs rapports tourneront vite aux soupçons et à l'aigreur.

« Ah bien oui! dira Ravot, le docteur Verduron pense
» bien à moi! Il lit sans doute son journal au cercle ou
» il s'occupe de sa vacherie! Il est plus à ses amuse-
» ments qu'à ses devoirs. Il n'est pas venu chez nous
» tous ces jours-ci. Ah! si chaque visite lui rapportait
» seulement vingt sous, il viendrait me voir plus sou-
» vent, et il me prescrirait quelque chose pour me gué-
» rir, » etc.

« Ah ça! pense Verduron, est-ce que ce plaignard de
» Ravot prétend m'immobiliser à son chevet? Il vou-
» drait, ma parole d'honneur, qu'on fût toujours à ses
» trousses. Je sais bien qu'un malade est très à plain-
» dre; mais si j'en avais cinq ou six de ce calibre-là, ma
» position ne serait plus tenable. Ah! si chacune de
» mes visites lui coûtait seulement vingt sous, il ne se
» montrerait pas aussi exigeant! »

Et c'est la vérité.

Ainsi, voilà que de part et d'autre on a senti la nécessité d'un contrepoids, d'un tempérament, de quelque chose enfin qui puisse modérer l'un et stimuler l'autre.

C'est l'intérêt.

Otez ce mobile puissant en soignant gratuitement les malades ou en jugeant gratuitement les plaideurs, et vous verrez comme on abusera, comme on fera une débauche de la procédure et de la thérapeutique.

Voilà pourquoi, en principe, je ne suis pas partisan de la gratuité absolue des soins médicaux, et pourquoi je déclare l'idée de cette gratuité absurde, utopique et impraticable.

En fait, la gratuité a été maintes fois établie sur bien des points par des particuliers, par des sociétés, par des communes. Quels résultats a-t-elle donnés ? — Partout où la matière traitable, partout où l'ayant droit n'est pas enrégimenté et tenu en bride par des règlements sévères, le système n'a pas réussi.

La situation d'un médecin d'usine ou de société de bienfaisance n'est pas non plus sans de très graves ennuis. De quelles défiances n'est-il pas l'objet, et à quelles diffamations n'est-il pas en butte de la part des sociétaires !

En attendant, notre règle de conduite est toute tracée. Exigeons nos honoraires, parce que la charité et le crédit ne sauraient moraliser les travailleurs.

Quelle est la règle qui doit servir à fixer nos honoraires ? En d'autres termes, pouvons-nous en établir le chiffre arbitrairement ?

On doit se conformer à la coutume du lieu et aux taxes adoptées, s'il y en a.

Quelquefois, ces moyens sont insuffisants pour fixer équitablement nos exigences. Il y a des circonstances particulières où l'artiste seul reste juge de l'estimation et du prix de son œuvre. Mais ces circonstances-là sont exceptionnelles.

Dans aucun cas, le riche ne doit payer pour le pauvre. Nous pouvons sans doute diminuer le chiffre de nos prétentions, lever la main, comme on dit, quand nous avons affaire à un client peu aisé; mais il ne nous est point permis de nous en dédommager sur un autre.

« Quand je soigne la chèvre d'un pauvre diable, je le

» fais charitablement et sans rien exiger. En revanche,
» quand je soigne le cheval d'un banquier, je ne
» manque pas de doubler le prix de ma visite. — De sorte
» que vous faites la charité sur les cornes des ban-
» quiers ? — C'est mon système. — Il n'est pas très mé-
» ritoire, et il n'y a vraiment pas de quoi vous en
» vanter. »

Agir ainsi, c'est faire une distribution très variable et très hasardée de la justice. Que ne dirait-on pas d'un marchand drapier qui modifierait le prix de ses étoffes suivant la qualité des chalands ?... A moins pourtant que cette théorie de l'application arbitraire des tarifs ne soit particulière à la médecine et aux beaux-arts !

Qui nous assure cependant que ce riche que nous mettons à contribution, que nous taillons *ad libitum,* n'est pas pauvre en réalité ?

Cela se voit tous les jours.

PRÆCEPTIO XVIII

Ne malè nummos percipias

Ne percevons rien indûment

Pour être complètement indépendant, je dirai mieux, pour conserver l'estime et l'amitié de ceux qu'on a obligés ou servis, il ne faut jamais être en reste avec eux.

Les bons comptes font les bons amis. Ce qu'on nous donne en plus de ce qu'on nous doit, on pourrait bien nous le faire payer plus tard. Les présents sont humiliants à recevoir, et ils sont rarement désintéressés ; il serait peu sage d'en accepter du premier venu.

Quant aux prix de faveur auxquels les médicaments

où les appareils nous sont offerts, ce sont des remises plus ou moins déguisées. Nous pouvons en faire profiter nos clients ; mais n'ayons jamais l'indélicatesse de les encaisser.

Cette prime à la consommation est encore admise dans le monde du commerce, et jusqu'à un certain point licite chez les gens d'affaires. Elle serait déshonorante pour nous.

Si les professions libérales sont entourées d'une certaine considération dont nous avons le droit d'être fiers, c'est à cet esprit d'indépendance et de désintéressement qu'elles le doivent.

« J'étais debout, le chapeau à la main, prêt à sortir.
» — Monsieur est docteur ? — Oui, Madame. — Si Mon-
» sieur le docteur veut bien nous adresser ses clients, il
» aura lieu d'en être satisfait. — Comment cela ? — Nous
» avons à la maison un grand dépôt de sangsues de
» Hongrie (1), et c'est nous qui approvisionnons la plu-
» part des pharmacies de Besançon. — Ah ! — Nous
» faisons une petite diminution de prix en faveur du
» médecin qui nous envoie la pratique. Il en bénéficie.
» — Ah ! — Oui, et les clients ne paient pas plus cher,
» peut-être moins cher qu'ailleurs. Par conséquent, cet
» arrangement ne saurait leur être préjudiciable. MM. Cy-
» noglosse et Verduron, que vous connaissez, nous en-
» voient beaucoup de monde. Si Monsieur le docteur
» veut bien aussi penser à nous, nous lui ferons comme
» aux autres une petite remise de dix centimes par
» pièce... »

« Je sortis troublé de cette caverne. J'étais rouge en
» entrant chez mon ami le pharmacien de la place La-
» bourée. Je lui contai tout chaud, tout bouillant, ce qui
» venait de m'arriver. — Comment ! mais c'est une

---

(1) Il y a trente ans, on en usait plus qu'aujourd'hui.

» affaire très simple! Je ne vois pas en quoi la proposi-
» tion de cette dame a pu vous offusquer, etc.

» Quand je fus seul, je réfléchis sur tout cela, et je me
» dis : Pourtant, le sentiment de confusion qui m'a
» fouetté le visage doit avoir sa raison d'être. Ce senti-
» ment est-il autre chose que la réaction de ma cons-
» cience outragée? Accepter une prime, n'est-ce pas,
» sinon illicite, au moins dangereux et suspect?

» Oui, car avec des agissements pareils, une âme hon-
» nête ne tardera pas à capituler. Si je suis appelé de-
» main chez un blessé auquel des sangsues pourraient
» être utiles, je les prescrirai un peu plus volontiers,
» bien qu'elles ne soient pas indispensables. — Pour-
» quoi? — Parce que le désir du lucre, qui est au cœur
» de tous les hommes, ne manquera pas de me souffler
» ce conseil et de mettre un terme à mes hésitations en
» faisant pencher la balance. Je ne serai pas encore cou-
» pable, mais j'aurai cessé d'être honnête.

» Décidément, je veux laisser aux malades ou à leur
» famille le choix des fournisseurs. »

Les médecins du vieux temps étaient moins scrupuleux que nous à cet égard. Chacun d'eux avait son apothicaire attitré qui partageait avec lui les bénéfices (1).
Et pour obliger ses clients à ne pas aller à la boutique
d'à côté ou d'en face, il chiffrait ou numérotait ses ordonnances, ses juleps et ses pilules, ou bien il avait recours à des formules amphigouriques que son fournis-

---

(1) Et cela, au mépris des ordonnances. Car « les médecins ne pour-
» ront participer à aucun profit sur les drogues vendues par les phar-
» maciens, à peine par ceux-ci d'une amende de dix livres et de la pri-
» vation de leur état, s'il y a récidive. »
Edits et loys sur l'apothicairerie, l'épicerie et la cyrerie. **Rouen, 1508.**

seur habituel seul pouvait interpréter ; ce qui, par parenthèse, a donné aux apothicaires un renom détestable, tout en permettant aux médecins de montrer un grand désintéressement dans le règlement de leurs honoraires.

Cette manière ténébreuse de tirer sur le client n'est plus admise aujourd'hui.

———

Toutefois, il me semble qu'à cet égard la tradition moderne s'obscurcit de nouveau. Le sans-gêne américain cherche à s'introduire dans nos mœurs et à faire peu à peu disparaître les scrupules qu'on nous avait inspirés à l'endroit des spéculations commerciales. Le médecin tendrait, sinon à devenir franchement apothicaire ou marchand d'eaux minérales, tout au moins à participer aux bénéfices de la vente des produits médicamenteux.

Je ne trouve cette manière d'opérer ni prudente ni délicate. Elle ne parviendra pas à nous enrichir; mais elle aura pour résultat certain de nous déconsidérer.

Je me sentirais blessé si un malade auquel je recommande un produit pouvait me dire, en me regardant dans le blanc des yeux : *Docteur, vous en êtes marchand?* Ma loyauté et mon désintéressement me sont aussi chers qu'à César la réputation de sa femme; et il ne me plairait pas qu'on pût les mettre en doute.

Légalement, nos accointances avec des spéculateurs n'auraient rien de répréhensible; mais j'estime qu'elles nous amoindriraient dans l'esprit des honnêtes gens. C'est déjà trop qu'on les suppose parfois, sans nous l'oser dire.

J'envoyais une jeune dame aux Eaux-Bonnes. Le mari était commerçant. J'avais parlé d'écrire au docteur Pidoux pour recommander la malade à ses bons soins. Ma proposition fut accueillie sans enthousiasme. Comme j'insistais : « Est-ce que vous y tenez absolument ? me dit-on. — Moi ? pas du tout ; seulement, c'est assez dans les usages de mettre un confrère au courant des médications antérieures, » etc. — Puis, devinant le motif des hésitations de la famille : « Est-ce que vous supposeriez par hasard que l'établissement nous fait une remise ? — Je l'ai entendu dire. » Je démontrai facilement l'absurdité d'une pareille supposition. On m'apporta de l'encre et du papier ; mais je refusai quand même d'écrire au docteur Pidoux.

Ne nous laissons pas engluer aux pipeaux du mercantilisme. Cela nous ferait du tort.

Comme nous l'avons dit, l'honnêteté n'a pas dans les autres professions les mêmes exigences que dans la nôtre. Les obligations y sont d'une nature moins délicate et moins absolue.

Le médecin doit être en tout l'ami et le protecteur de ses clients, qui lui confient à tout instant leur femme, leurs enfants, leur honneur, leur santé ; et il est tenu d'apporter dans les familles où on l'introduit une grande décence dans son maintien, de la discrétion dans ses manières, et un complet désintéressement. Les faiblesses qu'on pardonne aux autres ne lui seraient pas permises, et il ne serait pas bon qu'un soupçon d'indélicatesse entachât son honorabilité.

Il faut qu'un médecin soit sûr de lui-même : *Animi virtutibus eum præstare oportet* [1].

---

[1] HIPPOCRATE, *De medico,* c. I.

PRÆCEPTIO XIX

In dubiis, nihil affirmandum

Ce qu'on ne sait pas, il ne faut pas l'affirmer

Imbu peut-être des idées de Vyer et de Paracelse, Guillaume Paulet reproche aux médecins de son temps de voir trop souvent dans de vrais malades, mélancoliques et pauvres de sens, des criminels livrés au démon.

En parcourant les papiers de l'ancienne Cour du Parlement de Franche-Comté au xviie siècle, j'ai eu l'occasion de voir plusieurs certificats de médecin établissant que la maladie dont paraissait atteint tel prévenu accusé de vaudoiserie ou de sortilège *n'était pas naturelle, parce qu'on remarquait en lui des signes de mutisme ou de taciturnité, parce qu'il avait une marque insensible,* etc. En conséquence, le misérable vaudois devait être remis aux juges du bailliage ou de l'officialité, parce que sa maladie était surnaturelle et qu'elle échappait à la compétence des médecins ordinaires, n'étant ni admise ni classée dans la nosologie de l'époque (1).

C'était absurde.

Il est avéré aujourd'hui que ces maladies, qu'on prétendait surnaturelles et qu'on attribuait à des influences diaboliques, étaient de simples vésanies dont l'histoire est étudiée et bien définie dans nos traités modernes d'aliénation mentale. Nos anciens ont donc affirmé, non ce qu'ils savaient, mais ce qu'ils croyaient.

Ne faisons pas comme eux.

---

(1) On ne devait procéder régulièrement aux exorcismes que quand les médecins avaient déclaré que la maladie n'était pas naturelle. (Lettre de la Cour du 12 juin 1660.)

Quand, à l'occasion d'un crime monstrueux, révoltant, contre nature, comme on dit, nous sommes requis judiciairement d'examiner l'état mental du prévenu et de nous prononcer sur le degré de sa responsabilité morale, gardons-nous d'opiner, comme les médecins superstitieux du XVIIe siècle, en affirmant ce dont nous ne sommes pas certains.

Quand l'accusé n'est ni maniaque, ni halluciné, ni délirant, ni épileptique; quand il répond sensément et avec suite à toutes les questions qu'on lui adresse; s'il a un aspect calme; s'il n'est pas agité ni tapageur; s'il mange avec appétit; s'il dort bien, pouvons-nous déclarer qu'il n'est ou qu'il n'était pas aliéné de sens? qu'il n'est point malade? qu'il possède son libre arbitre et qu'il est pleinement responsable de ses méfaits?

Rien ne serait plus hasardé qu'une pareille affirmation.

Il est évident que le cas dont il s'agit ne rentre pas dans le cadre des entités morbides connues et qu'il n'est guère conforme aux types pathologiques étudiés dans nos écoles. Aussi nous ne pourrions certainement pas attester l'insanité du sujet. Mais de là à déclarer que chez lui la maladie mentale n'existe pas et qu'il est sain d'esprit, il y a loin.

En effet, qu'est-ce que la santé?

Ce n'est pas seulement l'intégrité et le bon fonctionnement des organes; c'est le plein exercice de la vie tout entière. Or, la vie de l'homme n'est pas que végétative ou organique; elle est aussi passionnelle et raisonnable, c'est-à-dire faite de sensations et d'activité morale. Comme il y a des maladies organiques, il y a des maladies mentales; des désordres psychiques aussi bien que des désordes matériels.

On sait combien il est difficile, même après un examen très minutieux, de reconnaître si réellement la vie organique d'un individu est altérée. Combien ne sera-t-il pas plus difficile encore de découvrir si sa vie mentale a été troublée, si l'ensemble de ses facultés intellectuelles et morales n'a pas souffert ! Combien d'états morbides qui sont, pour ainsi dire, sans analogues ! Combien de cas de folie qui sont isolés, qui n'ont pas encore été et qui ne seront peut-être jamais spécialisés ! Et quel observateur pourra jamais classer avec méthode les innombrables formes des névroses, de l'hystérie, de la puerpéralité [1], de l'alcoolisme, etc. ?

Pour nous en tenir à l'alcoolisme, on connaît la description du *delirium tremens,* avec ses terreurs nocturnes, ses hallucinations, ses frénésies ; mais combien de variétés de cet état pathologique qu'on ne saurait faire rentrer dans le cadre classique très incomplet admis présentement par les auteurs !

Mialet était un horticulteur distingué, laborieux et intelligent. Il paraissait affectionner beaucoup sa femme et ses enfants, voire une belle-mère qui vivait dans sa communauté, et malgré quelques emportements et une certaine bizarrerie d'humeur, il passait pour un bon père de famille.

Il buvait peut-être plus qu'il n'aurait fallu ; mais il n'était pas un ivrogne. Il se pointait ; il s'enivrait rarement. On pouvait donc croire que son exaltation après boire tenait autant à sa nature un peu vive qu'à l'effet excitant de l'alcool.

[1] Je suis étonné, par exemple, que l'humanité n'élève pas plus souvent la voix en faveur de ces filles-mères qui, affolées par l'abandon, la privation, quelquefois le sentiment de la honte, les appréhensions de l'avenir, etc., tuent leur enfant avec des raffinements d'inouïe cruauté.

A l'approche de la cinquantaine, son caractère devint plus difficile. Il se mit dans l'esprit que sa femme le trompait, bien que rien dans la conduite de cette dernière ne pût donner matière à ces soupçons injurieux.

Un jour, emporté par la colère, il frappa d'un bâton sa belle-mère, qui était intervenue dans une querelle de ménage, et lui cassa l'avant-bras. Cet acte de brutalité s'ébruita; la gendarmerie verbalisa, et, sur le certificat du docteur Blanchetête, le malheureux Mialet fut condamné à un an d'emprisonnement.

Cette condamnation l'exaspéra. Elle ne fit qu'accroître, du reste, ses soupçons jaloux; car il disait à qui voulait l'entendre que médecins et gendarmes s'étaient entendus pour le faire mettre en prison, afin de favoriser l'inconduite de sa femme; qu'il voulait leur casser les reins, etc.

Instruit de ces propos, le docteur Blanchetête eut l'occasion d'interpeller Mialet. « Vous proférez, lui dit-il, des propos que je ne suis pas d'humeur à tolérer; savez-vous que j'ai bien envie de vous dénoncer au parquet? — Il fallait, répondit Mialet, ne pas porter le désordre dans mon ménage ! »

Evidemment Mialet n'était plus dans son assiette.

Blanchetête raconta en riant au brigadier de gendarmerie la conversation qu'il venait d'avoir. « Et si jamais, ajouta-t-il, vous apprenez que cet homme m'ait assommé dans quelque coin, déclarez bien haut que c'est l'œuvre d'un fou. »

Et c'était bien un fou, en effet. Sa jalousie passa; mais son extravagance se porta sur d'autres conceptions que la jalousie. C'est son fils aîné qu'il prit en aversion.

Une nuit, ce forcené, après s'être lié bras et jambes, sans avoir rien dit ou fait qui pût faire présager ce dénouement, se jeta à la rivière où il se noya.

Quelques années après, son fils, qui était un excellent sujet sous tous les rapports, mais qui avait un peu de l'humeur de son père, se pendit dans un hangar.

Si, au lieu d'exercer ses fureurs sur lui-même, Mialet les avait exercées sur un autre, nul doute que ce malheureux n'eût été condamné en cour d'assises et envoyé au bagne pour le restant de ses jours. Et pourtant, alcoolique ou non, Mialet était un fou, bien que la folie ne se fût manifestée chez lui que par quelques emportements hors de saison.

A priori, toute extravagance notoire doit faire supposer un manque d'équilibre dans les facultés mentales de celui qui la commet [1] : le bon sens, à défaut de la médecine, nous l'indique. Et quand le sujet qui extravague et qui agit comme un fou a dans son ascendance ou sa lignée des délirants, des furieux, des aliénés de sens, cela ne peut que confirmer dans cette opinion.

Quand donc j'aperçois chez mon voisin un sentiment violent qui n'est fondé sur rien, pas même sur des apparences, un sentiment assez impérieux pour le pousser à se livrer à des actes ridicules ou odieux, ce sentiment-là me paraît un indice vraisemblable de folie. Si, par exemple, à l'occasion d'une querelle insignifiante, d'une contrariété, etc., un fils se pend, une femme se noie, un mari se coupe la gorge, il y a présomption grave qu'ils

---

(1) Comme le dit Guill. Paulet, les emportements et les passions excessives, comme les névralgies, constituent de vraies maladies : *Affectus animi vehementes, sicut dolores, morbi sunt.*

Les passions véhémentes, en effet, nous ôtent la volonté; elles étouffent en nous la conscience et ne se montrent pas en pleine santé.

sont aliénés de sens. Si, pour une légère blessure d'amour-propre, cet autre vous assassine ou incendie votre maison, c'est que sa volonté ne parle plus, c'est qu'il n'est plus maître de lui-même, c'est qu'il a la cervelle dérangée; à plus forte raison, si tous ces extravagants obéissent à une prédisposition native, si leurs parents ont commis les mêmes insanités.

Nous naissons tous avec le germe des infirmités morales, qui sont héréditaires aux mêmes titres que la scrofule, que la phtisie, que la scoliose...

Dans nos villages, où chacun se connaît, on remarque des familles où, de père en fils, on se mange en procès, on écrit des lettres anonymes, on espionne et on dénonce ses voisins... *Non sani certè, at insani sunt omnes :* tous ces gens ont l'esprit troublé.

Que peut savoir un médecin des antécédents de famille du sujet qui est soumis à son examen?

J'insiste un peu longuement sur ce point de philosophie médicale, parce qu'il a une importance majeure dans nos relations avec la société.

Un médecin peut certifier qu'un homme est malade, lorsque son mal a des manifestations suffisantes. Mais peut-il aussi bien certifier qu'il ne l'est pas, surtout quand il s'agit des affections mentales, qui sont *sine materiâ,* irrégulières, quelquefois instantanées? Les explosions du délire alcoolique sont passagères, intermittentes, rapides ; personne ne peut assurer vraiment que le buveur qui a perpétré un crime n'a pas agi sous le coup d'une impulsion délirante, même lorsqu'il est prouvé qu'il y a eu préméditation.

D'ailleurs est-il besoin d'alcool pour être ivre ? Est-ce que, pour certaines natures, les passions librement développées n'agissent pas comme les spiritueux ?

On interroge un prévenu pour savoir s'il est fou. Mais l'extravagance est plus dans les actes que dans les paroles.

Non, l'homme de l'art ne possède pas de critérium certain qui lui permette de reconnaître dans les cas douteux la santé de l'entendement. Les magistrats qui l'interrogent au sujet d'un criminel soupçonné d'être aliéné, et partant irresponsable, supposent peut-être que l'examen médical permet toujours de distinguer si un homme est fou ou s'il ne l'est point. C'est une illusion. Il y a des signes certains de maladie ; il n'y a que des apparences de santé. Un aliéniste peut affirmer *oui;* rarement *non*.

Défions-nous donc de nos réponses quand nous sommes interrogés sur ce point. La justice ne demande pas mieux que d'abriter ses arrêts derrière nos déclarations, comme jadis les baillis et les inquisiteurs s'autorisaient du certificat des médecins pour envoyer au bûcher de pauvres insensés qui se croyaient possédés du diable [1].

———

Il ne faut pas apporter moins d'attention à formuler notre jugement quand nous sommes invités à nous prononcer sur l'état d'un blessé ou d'un malade réclamant

---

[1] On objecte à cela : Si vous faites si bon marché de la responsabilité morale des criminels, la justice sera désarmée contre eux. Et peut-on laisser des êtres aussi dangereux en liberté ? — Ceci est une autre question. Si la justice est désarmée quand elle se trouve en présence d'un fou criminel, il faut modifier la législation et la compléter. Mais en conscience, pourtant, un médecin ne peut pas, pour une considération pareille qui est en dehors de la question, porter un jugement qu'il croit faux et contraire au bon sens sur l'état mental de l'accusé.

une indemnité. Le patient sait très bien que cette indemnité sera en rapport avec la gravité de ses lésions ; aussi il en exagère souvent le caractère douloureux, parce que l'élément douleur échappe à l'homme de l'art.

Le médecin doit s'armer de défiance et se borner à décrire ce qu'il voit, en indiquant les conséquences probables de la maladie.

Si un deuxième médecin est requis, il faut à son tour qu'il observe très strictement nos règles professionnelles et qu'il demande, avant d'écrire, à s'aboucher avec son confrère. Ils discuteront ensemble, non les lésions évidentes, mais le pronostic à porter. Et il est bien rare que deux honnêtes praticiens ne puissent pas tomber d'accord.

Quel ridicule pour la profession et par conséquent pour nous tous, si l'un venait à déclarer devant des magistrats, des basochiens goguenards et un auditoire avide de scandale, que Jean Ravot a les fibres du cœur ou de l'estomac déchirées ; et si l'autre, au contraire, certifie qu'il n'a rien du tout !

Il y en a qui n'auront jamais le sentiment de la dignité professionnelle !

Ce n'est pas à ceux là que je m'adresse.

PRÆCEPTIO XX

Idoneum cultum induere decet

Soyons des hommes de bon ton et de bonnes manières

Un médecin sera forcément en rapport avec des gens de tout âge, de tout caractère et de toutes conditions ; car il est appelé à soigner l'artisan pauvre et le banquier millionnaire, le grand seigneur et le valet. C'est pourquoi il ne doit être excessif en rien, pour n'être déplacé nulle part, s'il veut pénétrer décemment dans tous les mondes et ne choquer personne.

Qu'il se montre toujours doux et tolérant. La tolérance et la douceur sont les vertus spéciales d'une profession comme la nôtre, où l'on est en contact journalier avec de pauvres malades aigris et rendus injustes par la souffrance.

Qu'il soit poli sans être obséquieux et vil; qu'il soit sincère sans être grossier, sérieux sans être austère. *Austeritas enim tum sanis tum œgris difficilem accessum præbet* (1) : Une gravité exagérée a quelque chose de repoussant, aussi bien pour les malades que pour les autres.

En général on a horreur des pédants.

Qu'il ait un abord prévenant pour qu'on ose s'ouvrir à lui. Qu'il soit attentif aux confidences qu'on lui fait, et qu'il n'ait pas un air rogue ou moqueur en les écoutant.

Qu'il soit plutôt gai que triste auprès des malades, parce que sa sérénité les rassure, tandis que son air soucieux les inquiéterait. Et qu'il parle volontiers de sujets qui les intéressent, mais qui aient trait toujours à leur situation : car ils aiment à entendre dire qu'un autre plus malade ou plus âgé, dans des circonstances pareilles, a guéri.

Par exemple, il faut éviter de parler trop de soi-même. On ne pardonne ce travers qu'à de pauvres malades, — et encore, — tant le moi est haïssable. Rien ne serait plus inconvenant pour un médecin que de répondre à Jean Ravot, qui lui apprend qu'il a mal dormi : *C'est comme moi, je n'ai pas fermé l'œil de la nuit!* — *Peu m'importe!* pourrait lui riposter Ravot, *vous êtes ici*

---

(1) Hipp., *De decenti libro*, cap. II.

pour entendre mes plaintes et non pour m'exprimer les vôtres !...

Qu'il n'affiche pas un luxe ridicule dans son accoutrement ; mais qu'il n'affecte pas non plus dans sa tenue de la négligence ni du débraillé.

Qu'il soit propre surtout. La propreté lui est d'autant plus nécessaire qu'il est obligé par état de s'habituer à manier beaucoup d'objets pour lesquels le public a du dégoût.

Qu'il n'use pas de tabac, s'il peut s'en passer, de peur d'incommoder les malades, qui ont l'odorat fort subtil.

Il n'a que faire de lunettes ou de lorgnon, s'il a des yeux clairvoyants, ni d'une canne s'il est ingambe : ce sont des *impedimenta*.

Un médecin est obligé de s'observer constamment. La décence veut qu'il apprenne à surveiller son maintien et à se plier aux circonstances les plus diverses ; qu'il se conforme, en un mot, autant que l'honnêteté le permet, aux exigences de la société au milieu de laquelle il exerce sa profession. On ne parle pas à une personne délicate et nerveuse comme on le ferait à un sourd ; on ne se présente pas dans un salon comme on entrerait dans une écurie.

Celui qui n'a pas l'habitude de se contraindre et qui est fait tout d'une pièce ne manquera pas d'éprouver de nombreux déboires. Il heurtera plus d'une fois ceux à qui, pour le bien, il devrait plaire. Il faut être homme de société et de bonne compagnie.

A l'étranger on nous envie cette urbanité de manières, cette gaieté communicative, cette politesse aimable et bienveillante qui fait le fond de notre caractère national. Pourquoi ne ferions-nous pas tous nos efforts pour conserver cette qualité éminemment française? Est-ce qu'elle ne vaut pas cent fois mieux que l'esprit hargneux et personnel des Anglais, que l'air gourmé et pédantesque des Allemands, ou le ton arrogant des Américains?

Ne soyons ni arrogants, ni pédants, ni hargneux; mais soyons serviables et polis vis-à-vis de tout le monde.

La politesse rehausse le mérite; sans compter qu'elle est une supériorité.

Beaucoup d'hommes, en effet, n'ont eu en leur faveur, pour se distinguer et parvenir, que de belles manières, qu'un air agréable, que des formes polies... Au fond, ils ne valaient pas mieux que les autres; mais ils avaient en plus des qualités d'extérieur, un genre qui plaît, un bon ton, en un mot de la décence, c'est-à-dire, ce qui convient.

N'est-ce pas beaucoup?

PRÆCEPTIO XXI

Vale

Portez-vous bien

Le père de la médecine l'a dit : Un médecin doit avoir bonne mine et n'être point malingre. Celui qui n'a pas l'air d'être fort et bien portant ne saurait inspirer beaucoup de confiance ni promettre aux autres ce qu'il ne peut se donner à lui-même. *Qui enim bonâ non sunt corporis habitudine, vulgò existimantur cæterorum curam non rectè habere posse* [1].

(1) Hipp., *De medico*, c. I.

La santé tient beaucoup aux bonnes mœurs. Pour se bien porter, il faut avoir de la continence, de la sobriété, de la tempérance dans toutes choses, c'est-à-dire n'être ni débauché ni vicieux. C'est une raison de plus pour que le médecin n'ait pas le droit d'être malade. Que si par hasard il souffrait de quelque mal caché ou d'une peine secrète, je lui conseille de n'en jamais rien dire à personne. *Valere decet !* Qu'il ait au moins l'air de se porter bien !

« Je vous recommande toutes ces choses, dit Guil-
» laume Paulet, non pour m'ériger en censeur des
» mœurs, mais en vertu d'un vieil adage français qui
» dit : *C'est souvent quand on a versé qu'on reconnaît le*
» *bon chemin ou le droit chemin,* je ne m'en souviens
» plus au juste.

» Et j'ai versé plus d'une fois ! » ajoute-t-il naïvement en terminant.

Valeamus.

EPILOGUS

Sicut in utopiâ vivere prodest

Nous ne ferions pas mal d'imiter ce qui se fait en utopie

Dans les pays d'utopie, qui sont pays d'ultramare, l'exercice de la médecine est réglé par des coutumes qu'on respecte, parce qu'elles sont très anciennes et bonnes à conserver.

Les médecins y sont soumis à une discipline utile, comme ici nos gens d'église. Aussi ils ne connaissent pas les rivalités professionnelles. Il règne entre eux la seule émulation pour le bien.

Cela peut paraître étrange à qui ne sait pas qu'une situation précaire et embarrassée fait seule, le plus souvent, les hommes méchants et jaloux ; et que, quand les choses sont sagement ordonnées, tout le monde a intérêt à marcher droit.

———

Chaque cercle ou bailliage est divisé en circonscriptions médicales, confiées chacune à un titulaire suffisamment instruit et exercé. Et aucun médecin autre que le titulaire n'y va voir volontiers des malades, s'il n'est appelé par celui-ci ou s'il n'a son assentiment, ce qui ne se refuse jamais.

Du reste, comme chaque médecin se doit à sa circonscription, il ne pourrait exercer régulièrement dans les circonscriptions voisines, sans paraître négliger ses devoirs vis-à-vis des malades de sa circonscription.

Nul ne peut obtenir une circonscription s'il n'a pratiqué sous un maître dans les villes où n'exercent que les consultants illustres et les opérateurs habiles, et les accoucheurs en renom, en un mot, s'il n'a fait au moins une année de stage ou de noviciat pour acquérir l'aplomb d'un praticien consommé.

Ils ont beaucoup l'esprit de corps et à un haut point le sentiment de la solidarité : *sponsionem unam in singulis censent ;* ils se croient tous un peu responsables des actes d'un confrère leur voisin. Ce que celui-ci fait de mal les déshonore, et ce qu'il fait de bien augmente leur considération ; comme si l'élévation et la grandeur de l'un d'eux devait profiter à tous.

Comme ils ont beaucoup d'égards et de tolérance l'un pour l'autre, ils ne se prononcent pas volontiers sur les agissements de leurs confrères, — *quum de amicis aut inimicis agitur, abstinent* — parce qu'ils savent que nul ne peut se conduire au gré de tout le monde. Nous voyons qu'en effet les avares sont odieux aux prodigues, que ceux-ci sont blâmés par les avares, et que celui qui n'est ni prodigue ni avare est critiqué par les uns et par les autres.

Ils estiment que ce qui assure la supériorité de l'homme, c'est la conscience et le jugement encore plus que l'habileté des sens et que l'acuité de l'esprit.

Ils ne jurent pas de respecter leurs statuts et leurs coutumes traditionnelles, mais ils se font honneur de les observer très exactement.

Les médecins du bailliage se réunissent en conférence de temps en temps, pour s'occuper des questions qui intéressent la profession.

Ils choisissent trois arbitres annuels, — comme nous disons aujourd'hui des syndics, — parmi les plus estimés et les plus sages d'entre eux, pour faire observer les règlements de la corporation et maintenir une bonne discipline professionnelle.

Ce conseil des arbitres soutient le bon médecin quand celui-ci se trouve en butte à des imputations injustes et malveillantes ; il réprimande au contraire et punit le mauvais, l'obligeant même quelquefois à se démettre quand il a manqué gravement à ses devoirs. Ainsi, il oblige celui qui a enfreint un article des statuts à se justifier ou à se condamner à une amende ; il blâme sévèrement celui qui a produit en justice des certificats de complaisance ou excessifs ; il peut demander compte à celui qui a laissé mourir un malade sans l'avoir fait visiter par un consultant, etc.

Toute communauté ou village éloigné du centre de la circonscription assure à son médecin une indemnité variable et suffisante, qui lui permette de ramener à un taux uniforme le prix de ses visites.

Ce prix est très minime, mais nulle part les visites ne sont gratuites. Il ne faut pas que les malades se croient tout à fait dégagés vis-à-vis du médecin, parce que la communauté paie pour eux; il ne conviendrait pas non plus qu'ils pussent faire abus de ses services, comme cela arriverait si ces services étaient donnés pour rien.

Chaque communauté possède une petite *maladerie* plus ou moins riche, entretenue par des libéralités ou rentée sur le domaine public. C'est un local où sont bien soignés les malades tout à fait pauvres, par des gardes de bonne volonté.

La maladerie est pourvue des médicaments officinaux les plus indispensables, d'appareils et d'objets d'hygiène, tels que baignoires, machines à clystère — *clysteres,* — etc. Tout cela se livre ou se loue aux malades, à des prix doux. Elle est administrée par un conseil de trois membres capables, un commandeur, un receveur et un gardien ou surveillant, sous la direction du médecin de la circonscription.

Le médecin là-bas est encore un magistrat de police qui agit par une contrainte morale et de persuasion. Mais au besoin il peut signaler les récalcitrants au conseil des arbitres, qui requiert une pénalité et des amendes au profit de la maladerie.

C'est comme tel qu'il visite souvent les écoles, dont il doit provoquer la fermeture quand une contagion s'y révèle, et qu'il prescrit des mesures de propreté et d'hygiène dans les maisons insalubres, qui pourraient devenir des foyers d'infection pour la communauté. C'est comme tel qu'il est chargé de s'assurer si les très jeunes enfants confiés à des soins mercenaires sont surveillés, assez nourris et proprement tenus (1). C'est comme tel enfin qu'il surveille l'éducation de la jeunesse, signalant les parents qui négligent leurs devoirs ou qui sont incapables de les remplir, pour provoquer leur interdiction s'il y a lieu... Car là-bas on n'a pas la liberté d'empoisonner moralement la jeunesse.

L'autorité d'un père ne va pas jusque-là; elle serait abusive.

Singulier pays!

On y considère les imperfections du caractère ou de l'esprit comme des infirmités, et les passions excessives comme de véritables maladies : *affectus animi vehementes, sicut dolores, morbi sunt*. En un mot, les criminels y sont traités comme des fous!...

On n'y croit pas non plus que l'homme soit un assemblage fortuit de qualités et de défauts. Non, on y croit peu au hasard. On s'imagine même que l'homme fait sera une résultante et de ses dispositions natives et de la direction ou des changements que ces dispositions subiront dans le milieu où elles sont obligées de se développer. Voilà pourquoi on s'attache tant à soumettre de bonne heure les enfants à une saine et forte discipline, où ils n'aient que de bons enseignements sous les yeux. Car les enfants sont naturellement très enclins à l'imitation, et les exemples leur valent cent fois mieux que les leçons orales.

Les médecins s'occupent de tout cela, parce que leur

---

(1) En France, ces fonctions sont dévolues à des inspecteurs bien rétribués, qui sont généralement étrangers à notre profession.

art embrasse l'homme tout entier, âme et matière. La santé humaine, physique et morale, est tombée dans leurs attributions. Ils ne doivent pas seulement assainir les populations, mais aussi les moraliser : *Sicut corpora, mentes sanantur*. Ils interviennent s'il s'agit d'arrêter les progrès d'un vice, comme s'il était question de dessécher des marais insalubres.

Et aucun d'eux ne cherche à se dérober à cette mission, parce qu'ils savent que tout ce qui a trait à l'humanité les regarde très spécialement : *Nihil humani alienum à se putant*.

C'est après examen des règles ou statuts encore en vigueur dans les pays d'utopie que moi, Guillaume Paulet, d'Amagétobrie, j'ai rédigé les leçons de savoir-vivre qui précèdent. J'engage les médecins d'ici à s'en bien pénétrer, à les adopter, à les faire connaître et à s'y conformer le plus possible dans l'exercice de leur profession.

Je crois qu'ils s'en trouveront bien.

INDEX

	Pages.
Avis aux jeunes médecins	1
Avant-propos	7
I. — In Deo salus. Ne gloriari	11
II. — Mendacium odi et præstigia fuge.	14
III. — Quod inutile, nimium	18
IV. — A novis curationibus càve	21
V. — Gravitatem morbi non adaugeas	23
VI. — Viatica mortis morituris præbe	26
VII. — Si morbi difficultate laboras, pete opem	26
VIII. — Omnia sapiens, de omnibus non loquere	29
IX. — Ne familiaritate cum profanis utere	31
X. — Ne te intrudas	34
XI. — Nihil invito medico, ægrotante invito nihil	37
XII. — Defende pares	39
XIII. — Cunctis studiosè ac pariter succurre	41
XIX. — Dignitati parce	46
XV. — Ægrotis deesse malum	47
XVI. — Versatilitas omnino repudianda	48
XVII. — Laboris mercedem obsequere	53
XVIII. — Ne male nummos percipias	58
XIX. — In dubiis, nihil affirmandum	63
XX. — Idoneum cultum induere decet	70
XXI. — Vale	73
Epilogus	74

Besançon. Impr. Millot frères et Cⁱᵉ.

www.ingramcontent.com/pod-product-compliance
Lightning Source LLC
LaVergne TN
LVHW050558090426
835512LV00008B/1234